우정의 선교, 열정을 붙잡다

우정의 선교, 열정을 붙잡다

지은이 · 김영동
펴낸곳 · 도서출판 케노시스

등　록 · 제2011-24호(2011. 5. 23)
전　화 · 02)453-2208, 450-5435-6
팩　스 · 02)2201-8304
주　소 · 서울시 광진구 광장로 5길 25-1

인　쇄 · 2019년 8월 23일
발　행 · 2019년 8월 30일

정　가 · 12,000원
ISBN · 979-11-85698-26-7 (93230)

우정의 선교,
열정을 붙잡다

김영동

도서출판 **케노시스**

목 차

우정선교의 방향

들어가며

사람은 누구나 행복하기를 원한다. 행복이 무엇이냐고 묻기 전에 인간에게 행복이란 없어서는 안 되는 소망임을 인정하지 않을 수 없다. 국가나 단체, 교회와 가정은 행복에 중요한 요소로 간주된다. 그런데 21세기 초고속, 초연결 사회에서 현대인은 행복에 더욱 목말라 있다. 행복은 영원히 이룰 수 없는 신기루에 불과한 것인가? 행복은 늘 저 멀리 앞에 놓여있는 환상에 불과한가? 실제로 행복을 누릴 수 있다면 과연 그 길은 무엇일까? 고대 그리스 철학자 데모크리토스(Democritus, 기원전 460년 무렵 ~ 380년 무렵)는 "우정은 양질의 삶을 위한 필수적인 것"이라고 말했다. 행복을 양질의 삶에서 누릴 수 있는 것이라고 할 때, 우정은 행복을 위한 필수요소로 생각할 수 있다. 그리스 사람들이 생각했던 사랑, 즉 아가페, 필리아, 에로스가 인간의 삶에 필수요소이다. 그런데 현대인에게 아가페는 박물관의 유물처럼 보이고, 에로스는 욕망의 화신으로 간주된다. 인간과 인간의 모든 관계가 해체되고 깨어졌다. 이제 행복한 양질의 삶을 위한 관계에 한 가닥 희망을 주는 것은 필리아 사랑, 즉 우정이라고 할 것이다.

우정은 양질의 삶을 위한 비타민으로써 개인의 삶만 아니라 집단과 일에 중요한 요소이다. 특히 우정은 하나님의 선교에 핵심적인 요소임을 성경은 말하고 있다. 예수님은 하나님의 선교에서 높은 차원의 사랑이 우정이라고 했다. 우정이 하나님이 주신 사명을 이루는 데 필수적임을 강조했다. 예수님은 요한복음 15장에서 제자들에게 하나됨의 중요성을 말씀하시면서 우정을 추구하고 실현하라고 하셨다. 하나님의 선교에 우정이 얼마나 중요한지를 제자들에게 이른 것이다. "내 계명은 곧 내가 너희를 사랑한 것 같이 너희도 서로 사랑하라 하는 이것이니라. 사람이 친구를 위하여 자기 목숨을 버리면 이보다 더 큰 사랑이 없나니 너희는 내가 명하는 대로 행하면 곧 나의 친구라 이제부터는 너희를 종이라 하지 아니하리니 종은 주인이 하는 것을 알지 못함이라 너희를 친구라 하였노니 내가 내 아버지께 들은 것을 다 너희에게 알게 하였음이라."(요 15:12-15). 하나님 나라 구현을 위한 대위임령을 주신 예수님은 제자들을 종이 아니라 친구로 승격시키면서 파송하신다. 세상 속에서 선교적 그리스도인들이 가야 할 길, 추구해야 할 영성, 보여주어야 할 생활양식은 바로 우정이라는 것이다. 예수님은 제자들에게 자신이 듣고 알게 된 하늘 아버지의 비밀을 다 알려주셨다. 이것이 바로 삼위일체 하나님의 선교다. 하늘 아버지의 메시지를 예수님이 죽고 부활 승천하면서 제자들에게 남겨 준 것이다. 그러므로 선교적 그리스도인은 하늘 아버지를 사랑하는 열정과 우정으로 나아가야 한다. 세상에 파송 받은 제자는 세상을 사랑하는 열정과 우정으로 다가가야 한다. 그동안 한국교회는 선교 열정은 강조했지만, '선교우정' 혹은 '우정선교'를 너무 등한시

했다. 이제 새로운 선교 패러다임은 '우정선교'이다.

한국사회를 비유적으로 표현하는 말은 각자도생이다. 우리 사회는 각자도생의 사회다. 교회는 어떠한가? 교회는 더 깊은 각자도생의 나락으로 빠지지 않았는가? 물론 내 교회만 아니라 이웃 교회를 섬기며, 멀리 외국의 타문화권 선교지 교회를 섬기는 교회도 적지 않다고 믿는다. 하지만 한국교회는 뼛속 깊이 각자도생의 DNA를 가지고 있는 것처럼 행동한다. 이것이 반선교적인 교회 위기의 원인이다. 예수님은 제자들에게 악에 빠지지 않고 진리로 거룩하게 되는 방법을 보여주었다. 그것은 곧 "우리가 하나가 된 것 같이 그[제자]들도 하나가 되는"(요 17:22) 것이다. 하나 됨은 곧 하나님 사랑의 증거 방식이다. 이 사랑으로 세상은 하나님 아버지와 구세주 예수 그리스도를 믿게 된다고 한다. 바로 이 사랑은 하나님과 예수님, 예수님과 제자들, 예수님과 우리들 사이의 우정이라고 할 수 있다. 그러므로 예수님의 제자들 파송을 위한 대제사장 기도에 하나 됨과 우정은 세상으로 하나님의 사랑을 보여주고 증거 하는 핵심

요소임을 알 수 있다.

내가 비옵는 것은 그들을 세상에서 데려가시기를 위함이 아니요 다만 악에 빠지지 않게 보전하시기를 위함이니이다 내가 세상에 속하지 아니함 같이 그들도 세상에 속하지 아니하였사옵나이다 그들을 진리로 거룩하게 하옵소서 아버지의 말씀은 진리니이다 아버지께서 나를 세상에 보내신 것 같이 나도 그들을 세상에 보내었고 또 그들을 위하여 내가 나를 거룩하게 하오니 이는 그들도 진리로 거룩함을 얻게 하려 함이니이다 내가 비옵는 것은 이 사람들만 위함이 아니요 또 그들의 말로 말미암아 나를 믿는 사람들도 위함이니 아버지여, 아버지께서 내 안에, 내가 아버지 안에 있는 것 같이 그들도 다 하나가 되어 우리 안에 있게 하사 세상으로 아버지께서 나를 보내신 것을 믿게 하옵소서 내게 주신 영광을 내가 그들에게 주었사오니 이는 우리가 하나가 된 것 같이 그들도 하나가 되게 하려 함이니이다 곧 내가 그들 안에 있고 아버지께서 내 안에 계시어 그들로 온전함을 이루어 하나가 되게 하려 함은 아버지께서 나를 보내신 것과 또 나를 사랑하심 같이 그들도 사랑하신 것을 세상으로 알게 하려 함이로소이다(요 17:15-23)

신학교에서 선교를 가르치고, 선교현장에서 선교사를 만나며, 선교를 생각할 때마다 필자에게 늘 답답한 무언가가 마치 몸속에 내려가지 않은 체증 같이 걸리는 게 있었다. 그렇게 강렬한 열정과 헌신으로 파송을 받아서 목숨까지 바치는 영웅적인 선교사들에게 무언가 빠진 게 느껴진 것이다. 위로 하나님을 향한 사랑의 열정은 너무나 강하고 헌신적인데, 옆으로 함께 부름을 받은 동료 선교사들과의 관계는 어떻게 그렇게 아픈 상처로 깨어져 있는지 ... 늘 안타까운 마음으로 해결책을 모색하였다. 그러던 중 최근 필자는 제1회 유라시아 선교대회 주제 강연자로 초청받으면서 예수님의 바로 그 말씀을 떠올리게 되었다. "사람이 친구를 위하여 자기 목숨을 버리면 이보다 더 큰 사랑이 없나니 너희는 내가 명하는 대로 행하면 곧 나의 친구라"(요

15:13-14). 바로 이 말씀이다! 하나님 사랑과 인간 사랑이 동시에 이루어져야 하나님의 선교가 실현된다고 보고, 그동안 치우친 사랑을 바로 잡는 '우정선교'를 주제로 제안하였다. 선교대회를 준비하는 집행부도 이 주제를 기꺼이 수용하여 '우정선교대회'를 뜻깊게 잘 마쳤다.

우정이 무엇인가? 과연 우정선교란 어떠해야 하는가? 이런 주제를 나누고 싶다. 그래서 동서고금의 우정에 대해 이야기를 하고, 성경과 역사와 현실에서 우정선교는 어떠한지를 찾아보려고 한다. 이런 과정을 통해 하나님의 선교에 참여하는 교회와 선교단체의 선교가 한층 더 균형과 조화를 이루고, 더 깊어지고 넓어지며 높아지기를 기대한다.

이 글은 많은 사람의 경험과 지혜와 학문을 빌려와서 쓰여진 것이다. 일반 대중들이 읽기 쉽도록 전문 학술적인 형식을 탈피하려고 노력하였다. 그래서 각주를 붙이지 않았다. 다른 사람들의 인용이 많지만 일일이 출처도 밝히지 않은 점을 널리 양해를 바란다. 참고한 책을 다 밝히지 않았지만, 대표적인 저작은 본문에 표기하기도 하였다. 몇몇

중심 되는 성경구절은 반복해서 제시함으로써 그 의미를 강조하려고 하였다. 일생을 바쳐 헌신하면서 손과 발과 심장으로 보여준 현장 선교사님들의 우정선교 사례 이야기를 실을 수 있어서 여간 기쁘지 않다. 이 자리를 빌려 필자에게 도움을 준 분들에게 감사를 드린다. 이 책이 출간되기까지 수고한 분들에게도 감사를 드리며, 특별히 우정선교에 앞장서서 변화를 이끄는 오동섭 박사에게 고마움을 표한다. "변화는 여러 사람으로부터 온다. 여러 사람을 변화시키는 것은 한 사람의 힘(Power of One)이다!" 저와 여러분이 바로 이러한 한 사람, 예수님의 참된 제자가 되기를 기원한다. 할렐루야!

우정에 대한
동서양의 지혜

무슨 일을 하기 전에
좋은 사람이 되라!

한국교회와 한국선교는 그동안 사역에 집중했다. 비전과 열정과 파송에 온 힘을 모았고 최선을 다했다. 세계 교회가 인정할 정도로 많은 열매를 맺고 있다고 자부심을 가질 만도 하다. 하지만 과연 하나님의 영광을 위하는 하나님의 선교가 되었는지 냉철히 성찰해보지 않을 수 없다. 교회의 기본(ABC)은 예수 그리스도의 구원의 복음이다. 세상의 빛과 소금이 되는 선교적 교회가 되어야 마땅하다. 그런데 한국교회는 교인 수(attendance)와 건물의 크기(building)와 재정이 많음(cash)을 내세우는 세상적인 조직체로 변질하지 않았는가? 오늘날 교회를 섬기는 교역자들은 사역이란 말을 쓴다. 사람보다 사역에 지나치게 치중하는 교회가 과연 한 마리의 잃어버린 양을 찾아가는 그런 교회로 존재할 것인가? 일 중심적인 교회가 한때 고도성장을 맛보고 취해서 아직도 성과위주 혹은 성장주의 교회를 꿈꾸고 있는 건 아닌가? 예수님은 교회가 세상에서 빛과 소금이 되라고 하셨는데, 정작 교회는 스포트라이트를 받고 왕좌에 앉아 있지는 않은가?

사역(직무) 효과성에 치우치게 되면 관계 효과성이 약화되게 된다. 성장지상주의 교회가 본질을 잃어버리고 반선교적인 조직체로 전락하는 것은 성장이라는 직무 효과성을 우상화하기 때문이다. 이제 교회는 제자공동체로서 관계 효과성을 재고해야 한다. 일도 중요하지만, 사람이 중요하다.

교회와 선교에 열정의 사람이 필요하다. 하지만 그에 못지않게 우정의 사람도 필요하다. 겉으로는 하나님의 영광을 부르짖지만, 속으로는 인간의 영광을 추구하는 교회와 선교에 성령의 임재와 권능은 침묵할 것이다. 선교 현장에서 흔히 듣는 말은 "원단이 좋아야 좋은 옷을 만들지!"

라는 시니컬한 지적이다. 좋은 사람, 좋은 친구가 되지 못하면서 열정을 다하는 사역이 현지 사람들 눈에 빛과 소금으로 비칠 리는 만무하다. 몸을 불사르게 내어주는 사역이라 할지라도 친구를 위해 목숨을 바치는 사랑(우정)이 없으면 아무것도 아니라는 말을 기억해야 한다. 열정 못지않게 우정을 강조해야 할 이유가 여기에 있다.

좋은 친구가 된다는 것은 사역보다 사람을 더 중요하게 여기는 것이다. 참된 인생의 즐거움과 의미를 느끼려면 우정을 나누는 벗이 있어야 한다. 우정은 친구를 수단으로 삼지 않는다. 자기 목적을 위해 이용하지 않는다. 비록 친구가 배신하더라도 용서한다. 우정은 나쁜 행동이나 잘못된 결정을 막아준다.

교회와 선교의 우정은 인간적인 차원의 관계 형성만이 아니다. 영적인 차원을 가진다. 수직적인 하나님과의 관계에서 수평적인 인간과의 우정 관계를 의미한다. 교회와 선교의 우정은 하나님의 주권과 예수 그리스도의 구원의 비밀과 성령의 권능 안에서 이루어져야 한다. 그러므로 우정선교는 삼위일체 하나님의 존재 안에 호흡하는 신비의 차원으로 올라간다. 우정선교에는 상식이 통하지만, 상식 차원에 머무르지 않고 신비의 차원으로 승화된다. 세상 사람들도 친구를 두고, 우정과 의리는 마피아나 조폭에도 최고의 가치로 치부된다. 하지만 우정선교는 그러한 우정과는 질적으로 다르다. 하나님의 섭리와 주권 아래 있는 우정선교는 세상의 어떠한 가치나 규범이나 문화나 장벽에 매몰되지 않는다. 우정선교에 인간적인 그 어떠한 가치나 한계가 온 세상 사람들과의 우정을 갈라놓을 수 없다. 뜨거운 선교열정과 진실한 우정선교의 길을 간 사도 바울은 자유인이나 종이나, 여자나 남자나, 어린이나 어른이나, 유대인이나 이방인이나, 율법 아래 있는 자나 율법이 없는 자나 그 누구라도 하나님의 포도원에 참된 우정을 나누는 사람이 될 수 있다고 했다(고전 12:13, 갈 3:28, 골 3:11). 선교 열정을 최고조로 내뿜으면서 영웅적인 선교사역을 한 선교사들이 권위주의적, 계급구조적, 가부장적 태도를 버리지 않는다면 참된 예수 그리스도의 친구는커녕 복음의 일꾼으로서도 바람직하지 않다. 복음의 일꾼, 교회의 일꾼은 비록 사람들로부터 괴로움을 당하나 기쁨으로 받고, "그리스도의 남은 고난을 그의 몸된 교회를 위하여" 기꺼이 인내하며 온몸으로 채우게 된다. 우정선교를 이루지 못하면 복음의 참된 가치를 드러내는 데 장애가 될 것이다. 사도 바울은 이런 우정선교의 비밀을 다음과 같이 비장하고 아름답게 표현한다.

> 나는 이제 너희를 위하여 받는 괴로움을 기뻐하고 그리스도의 남은 고난을 그의 몸된 교회를 위하여 내 육체에 채우노라 내가 교회의 일꾼 된 것은 하나님이 너희를 위하여 내게 주신 직분을 따라 하나님의 말씀을 이루려 함이니라(골 1:24-25)

고난은 우정의 시험대

"그대 그런 사람을 가졌는가"

만 리 길 나서는 길
처자를 내맡기며
맘 놓고 갈 만한 사람
그 사람을 그대는 가졌는가

온 세상이 다 나를 버려
마음이 외로울 때에도
"저 맘이야"하고 믿어지는

그 사람을 그대는 가졌는가

탔던 배 꺼지는 시간

구명대 서로 사양하며

"너만은 제발 살아다오" 할

그 사람을 그대는 가졌는가

불의의 사형장에서

"다 죽어도 너희 세상 빛을 위해

저만은 살려 두거라" 일러 줄

그 사람을 그대는 가졌는가

잊지 못할 이 세상을 놓고 떠나려 할 때

"저 하나 있으니" 하며

빙긋이 웃고 눈을 감을

그 사람을 그대는 가졌는가

온 세상의 찬성보다도

"아니" 하고 가만히 머리 흔들 그 한 얼굴 생각에

알뜰한 유혹을 물리치게 되는

그 사람을 그대는 가졌는가

함석헌 선생님의 "그대 그런 사람을 가졌는가"라는 시다. 처자를 내맡길 수 있는 벗, 외로움과 생명을 나눌 수 있는 친구, 세상을 떠날 때 안심하고 처자식 맡길 수 있는 그런 우정을 가졌는가 하고 시인은 우정을 노래한다. "사람이 친구를 위하여 목숨을 바치면 이보다 더 큰 사랑이 없다"고 말씀하신 예수님의 마음을 절절히 노래로 표현하고 있다. 이런 친구를 가진 사람은 진정 행복한 사람이다. 친구는 편안할 때 보다 어려울 때 그 진가가 드러난다.

성경은 고난을 통과할 때 참된 친구를 알게 된다고 한다. 그리스와 유대인의 영성을 종합한 집회서는 고난 속에서 빛나는 우정을 이야기한다.

식탁의 친교나 즐기는 친구도 있으니, 그는 네 고난의 날에 함께 있어 주지 않으리라. 그는 네가 잘될 때는 저 자신 인 양 행세하고, 네 종에게 마구 명령해 대리라. 그러나 네가 비천하게 되면 그는 너를 배반하고, 네 앞에서 자취를 감추리라(집회서 6:10-12)

잔치 자리 친구는 고난의 자리에서 참된 우정인지 아닌지 판명 난다. 고난은 우정의 시험대다. 참된 벗은 고난을 겪는 친구 곁에 머무른다. 고난과 아픔을 함께 나눈다. 집회서는 참된 우정을 이렇게 진단한다. "성실한 친구는 든든한 피난처로서, 그를 얻으면 보물을 얻은 셈이다. 성실한 친구는 값으로 따질 수 없으니, 어떤 저울로도 그의 가치를 달 수 없다"(집회서 6:14-15).

참된 친구는 그의 친구가 모함을 받거나 박해를 받을 때 모른 체 않는다. 가난과 번민과 고통의 순간에도 친구는 그의 친구를 옹호하고 보호하며 함께 십자가를 진다. 우정은 친구를 도와주고, 위기와 고통과 어려운 순간에도 함께 하고, 받아 준다. "진정한 친구는 목이 말라도 광야를 함께 걸어가는 사람이다." 친구와 함께라면 기쁨은 물론 고통의 순간에 위로와 도움을 얻는다. 세상의 인간관계가 미세먼지처럼 유독가스를 품고 있는 오늘날 우정은 맑은 공기와 같이 살아갈 힘을 준다. "친구여, 사람들이 다른 것을 호흡할 수 있는 높은 곳을 원하듯, 나는 그대를 원한다."(생텍쥐베리, 『어린왕자』의 한 구절)

평안한 시절에, 혹은 사귀어 이득을 볼 때 서로 친구가 되는 것은 쉬운 일이다. 누구나 쉽게 이룰 수 있는 것이다. 그러나 참된 우정은 고난의 때에 진가를 발휘한다. 어떤 상황에서라도 끝까지 함께하는 그런 친구를 그대는 가졌는가?

친구는 사랑이 끊이지 아니하고

형제는 위급한 때까지 위하여 났느니라(잠 17:17)

동양의 우정 이야기

우정(友情)이란 한자말은 '친구(벗)의 정'이라는 의미를 지닌다. 우(友)자는 '벗', '사귀다', 혹은 '우애가 있다'라는 뜻을 가진 글자이다. 우(友)자의 갑골문을 보면 '또우'(又 오른손, 또, 다시)부(部)가 겹쳐 쓰여 만들어진다. 우(又)가 음(音)을 나타내기도 하며, 친한 친구끼리 왼손과 오른손(又)을 서로 맞잡고 웃으며 친하게 지낸다 하여 '벗'을 뜻한다. 우(友)자는 친한 벗과 손을 맞잡고 있는 모습을 표현한 것으로서 서로 사이가 매우 가깝다는 의미를 나타내고 있다. 중국어에서 본래 동족(同族)의 친구를 붕(朋)이라 하고, 관리(官吏) 친구를 우(友)라 하였으나 후에 붕(朋)도 우(友)도 동일하게 친구를 의미하게 되었다.

한자 말의 고사성어에 우정을 나타내는 말이 매우 많음은 인간 삶에 있어서 관계의 중요성을 교훈하고 있다고 생각한다. 일례로, 관포지교(管鮑之交)는 옛날 중국의 관중(管仲)과 포숙(鮑叔)처럼 친구 사이가 다정(多情)하고 허물없는 교제(交際)를 일컫는다. 금란지교(金蘭之交)는 "단단하기가 황금(黃金)과 같고 아름답기가 난초(蘭草) 향기(香氣)와 같은 사귐"이라는 뜻으로, 두 사람 간에 서로 마음이 맞고 교분(交分)이 두터워서 아무리 어려운 일이라도 해나갈 만큼 우정이 크고 강한 것을 말한다. 단금지계(斷金之契)란 "쇠라도 자를 만큼의 굳은 약속(約束)이라는 뜻으로, 극히 친밀(親密)한 우정"을 이르는 말이다. 그리고 담수지교(淡水之交)란 말이 있는데, 이는 "맑은 물의 사귐이라는 뜻으로, 담박(淡泊)하고 변함없는 우정(友情)"을 말한다. 교양이 있는 군자의 교제를 이르는 말이다.

우리 선인들의 우정에 대한 생각 중 연암 박지원(1737-1805)의 『마장전(馬駔傳)』에 이런 대화가 나온다. 송 욱, 조탑

타, 장덕홍, 이 세 사람은 종로에서 사대부들의 사귐에 환멸을 느끼고 새로운 우정의 가능성을 논한다. 이들이 추구하는 우정은 당시 군자라는 사람들의 명예, 권세, 이익 중심의 "거간꾼의 술수" 같은 사귐이 되어서는 안 된다고 잘라 말한다. 박지원의 이 책은 "비루한 것을 고상하게 위장하고, 거짓을 꾸며대는 사대부들의 세속적 우정에 대한 준열한 꾸짖음이자 풍자"로 볼 수 있다. 권순긍 외 5인이 쓴『살아있는 고전문학 교과서』에 실린 것을 직접 인용한 것이다.

> 당신 정도면 우도[友道, 우정]를 이야기할 수 있겠다. 내가 아까 그 한 가지만을 알려 주었는데, 당신은 두 가지를 아는구려. 천하 사람이 붙잡고 따르고자 하는 것은 형세요, 모두가 차지하려고 도모하는 것은 명예와 이익이지요. 술잔이 입과 더불어 약속한 것도 아니건만, 팔이 저절로 굽는 것은 응당 그럴 수밖에 없는 형세이며, 학과 그 새끼가 울음으로써 서로 화답하는 것은 바로 명예를 구하는 것이며, 벼슬을 좋아하는 것은 이익을 구하는 것이랍니다. 그

러나 붙잡고 따르는 자가 많아지면 형세가 갈라지고, 도모하는 자가 여럿이면 명예와 이익이 제 차지가 없게 되지요. 그러므로 군자는 오랫동안 이 세 가지를 말하기 꺼려 왔던 것이랍니다. 내 그렇기 때문에 은유적인 말로 그대들에게 알려 주었는데, 당신이 이 뜻을 알아차렸구려. 당신은 남과 더불어 교제할 때, 첫째, 상대방의 기정사실이 된 장점을 칭찬하지 마시오. 그러면 상대방이 싫증을 느껴 효과가 없을 것이요. 둘째, 상대방이 미처 생각하지 못한 것을 깨우쳐 주지 마시오. 장차 행하여 거기에 미치게 되면 낙담하여 실망하게 될 것이요. 셋째, 사람 많이 모인 자리에서는 남을 제일이라고 일컫지 마시오. 제일이란 그 위가 없단 말이니 좌중이 모두 썰렁해지면서 기가 꺾일 것이요. 그러므로 사람을 사귀는 데에도 기법이 있는 법이지요. 첫째, 상대방을 칭찬하려거든 겉으로는 책망하는 것이 좋지요. 둘째, 상대방에게 사랑함을 보여주려거든 짐짓 성난 표정을 드러내 보여야 하지요. 셋째, 상대방과 친해지려거든 뚫어질 듯 쳐다보다가 부끄러운 듯 돌아서야 하고, 넷째, 상대방으로 하여금 나를 꼭 믿게 하려거든 의심하게 만들어 놓고 기다려야 한답니다. 또한 열사(烈士)는 슬픔이 많고 미인은 눈물이 많은 법이랍니다. 그 때문에 영웅이 잘 우는 것은 남을 감동시키기 위해서지요. 이 다섯 가지 기교는 군자가 은밀하게 사용하는 방법이기는 하지만 처세(處世)에 있어 어디에나 통용될 수 있는 방법이랍니다.

세 사람의 등장인물을 통해 박지원이 말하고자 한 진정한 우정은 명예, 권세, 이익, 신분을 뛰어넘는 인간적 만남에 있다. 이처럼 참된 우정은 "내면을 소통하는 우정, 신분이나 당파에 구애받지 않는 우정, 구차한 예절과 겉치레에 구속받지 않는 순수한 우정"이다.

그렇다면 우리 선조들은 어떻게 참된 우정을 일구어갔는가? 이에 대해 위에서 언급한 책은 성현(成俔, 1439-1504)의 『부휴자담론(浮休子談論)』을 인용한다.

사람은 벗을 잘 가리지 않을 수 없다. 친구는 자기를 도와

인과 덕을 키울 수 있게 하는 존재이다. 자신에게 이로운 자와 지내면 학문이 날로 밝아지고 하는 일이 날마다 진전이 된다. 하지만 해로운 자와 지내면 명성이 저절로 낮아지고, 몸도 저절로 천해진다. 이는 개와 개가 서로서로 어울리면 자연히 변소를 찾게 되고, 돼지와 돼지가 어울리면 자연히 우리를 찾게 되는 것에 비유할 수 있다. 학문에 뜻을 둔 사람이 비록 매우 총명하고 지혜롭다고 하더라도 장기나 바둑과 같은 잡기와 새 사냥과 같은 놀이로 그 마음을 빼앗기면 원대한 포부가 어지럽혀져 좋은 싹이 시들어 버릴 것이요, 돈과 재물로 유혹하면 언제나 마음이 바뀌게 된다.

친구는 저절로 관계가 형성되는 게 아니라 신중히 가려 사귀어야 한다는 것이다. 참된 친구를 사귀면 학문과 명예를 고양할 수 있고 스스로의 마음을 다잡을 수 있다고 한다. 반면 해로운 벗을 만나면 비천하게 되고 쉽게 잡기에 빠져들게 된다고 경고한다. 인간의 마음은 돈과 재물에 흔들려서 학문과 인생이 파산하게 된다는 것이다.

참된 우정을 배양하는 동양의 지혜는 '붕우유신(朋友有信)'이다. '붕우유신'은 참된 우정을 만들어가는 데 벗과의 신의, 즉 상하관계가 아닌 동등한 관계에서 이루어진다고 말한다. 슬픔과 분노가 가득한 한국사회에서, 경쟁과 배제가 판을 치는 우리 사회에서 믿음과 배려와 존중을 양식으로 하는 우정을 돈독히 함으로 더 인간다운 복된 삶을 살게 될 것이다.

서양의 우정 이야기

그리스 철학자들은 지혜는 물론 우정에 대한 생각을 남겼다. 피타고라스(Pythagoras)는 우정을 모든 덕의 어머니로 보았다. "참된 우정이란 완전하며 영원한 것"이라고 이야기한 플라톤(Platon)은 우리의 영혼을 정갈하게 다듬어 선을 향해 나아가게 하는 것이 우정이라고 했다. 지혜를 추구하는 철학자들은 참된 지혜는 덕과 선과 무관할 수 없다는 이야기를 하며, 이런 덕과 선은 우정이라는 선물 속에서 실현됨을 말한다. 행복과 덕이 있는 인생살이는 바로 우정이라고 한다. 그러므로 지혜와 우정은 함께 간다. 지혜와 우정이 있는 사람은 행복한 사람이요 덕이 있는 삶을 살게 된다는 말이다. 에피쿠로스(Epicurus)는 충만하고 복된 삶의 지름길로 이끄는 지혜는 바로 우정이라고 했다. 또한 그는 "우정은 세상 주위를 빙빙 돌며 춤추면서, 우리에게 행복한 삶을 향해 깨어나라고 일러 준다"고 강조했다. 마르쿠스 툴리우스 키케로(Marcus Tullius Cicero)는 "우정은 친구에게나 자신에게나 의욕을 지탱해 주는 것이다."라고 말했다. 깨어있게 하고 의욕을 불러일으키는 인생의 소중한 지혜는 우정이라는 말이다.

플라톤은 참된 우정을 신의 선물로 보았다. 플라톤은 "하나님은 친구를 만드신다. 하나님은 친구에게 친구를 선사하신다."라고 하며 우정의 신적 기원을 말했다. 어떤 그리스 철학자는 "진정한 우정이 형성되기 위한 모든 인간적인 전제 조건에 앞서, 두 사람이 서로를 발견하게 된다면 그것은 신의 선물이다"고 했다. 우정은 선물이고, 이 선물 속에서 인간은 하나님의 관심을 느끼게 된다. 따라서 우정은 어떤 의미에서 하나의 신비요 자비이다. 우정은 인간적인 선택이나 기획에 의해서 맺어진 것이라기보다는 신비로운 하나님의 섭리에 의한 것이라고 할 수 있다. 친구가 된다는 것은 신비로운 일이다. 친구는 하나님이 마음 문을 열게 하고 만나게 하고 맺어지게 한다.

또 다른 그리스 철학자인 아리스토텔레스(Aristoteles)는 우정의 세 가지 유형을 이야기했다. 그것은 유용성(실용성)을 위한 우정, 욕망(쾌락)을 위한 우정, 그리고 선한 의지를 위한 우정이다. 유용성과 욕망을 위한 우정은 이기적인 동기에서 이루어진 우정으로서 그리 오래가지 못한다. 선한 의지를 위한 우정은 지속적이고 결속력이 있으며 참된 우정이라 할 수 있다. 선한 의지를 위한 참된 우정이야말로 서로 비밀까지도 공유하고, 서로의 행복을 원하고 상호 간에 호의적으로 대하고, 서로 신뢰를 한다. 이런 우정은 행복의 지름길이다. 참된 우정은 자기의 은밀한 목적을 위한 수단으로 치부하지 않는다. 친구의 참된 행복을 위하여 기꺼이 자신이 손해 볼 줄 아는 것이 참된 우정이다. 목적을 위한 수단으로서의 우정이 판을 치는 이기주의적 사회에서 참된 우정의 실종을 한탄하기보다 친구의 존재 자체를 소중히 여기며, 관계 자체를 중요시하는 우정을 회복함으로써 비록 광야 같은 세상이지만 행복하고 덕을 세우는 인생길을 가게 될 것이다.

우리가 번 것으로 생계를 꾸려 나간다면,

베푼 것으로는 인생을 일구어 나간다.

_ 윈스턴 처칠(Winston Churchill)

각자도생의 치료약,
사랑과 우정

2019년 3월 27일 수요일 아침 출근길 차 안에서 이런 방송이 흘러나왔다. CBS 김현정의 뉴스쇼, 외국인인데 한국인으로 귀화한 한 교수의 이야기였다. 박노자 교수의 인터뷰였다. 러시아명은 **블라디미르 미하일로비치 티호노프**, 구소련 출신이다. 박노자 교수는 교육인 · 언론인 · 사회운동가 · 역사학자 · 한국학자로 알려졌다. 반파시즘을 대표하는 지식인으로 소개되고 있다. 김현정 앵커가 한 마디로 우리 사회를 진단하는 이야기를 해 달라고 했다.

그때 박노자 교수는 주저하지 않고 대답한다. "각자도생 사회다." 외롭게 각자 생존을 위해 몸부림치며 사는 사회라고 한다. 희한하게도 구소련 자살률이 세계최대였는데, 한국이 지금 자살률이 세계최대라고 한다. 또 덧붙이기를, 멸망한 나라들이 주로 자살률이 높았다고 한다.

각자도생... 과연 이 말이 무슨 의미로 쓰이는가를 알고 싶어서 구글 검색을 해 보았다.

2016년 말에 어느 일간지에 이런 보도가 있었다. 제목은 이렇다. "즐겁기도, 쓸쓸하기도 각자도생의 시대" 왜 정이 많고, 공동체적인 우리 사회가 각자도생으로 변했을까? 그 이유가 궁금했다. 전문가들이 지적하는 이유는 경기 침체 지속, 예측 불허의 자연재해, 무능한 정부, 기술 발전 등이다.

각자도생은 '생존배낭'의 소비로 극명하게 드러났다. 생존배낭이란 2016년 9월 경주 지진 이후 온라인쇼핑몰에서 히트한 상품이다. 일본의 지진 안내 책자 〈도쿄방재〉를 참고해 만든 이 배낭은 재난 상황에서 72시간을 버틸 수 있는 물품을 담은 것이다. 생존배낭에 이어 20만 원 상당의 '피난배낭' 세트도 쇼핑몰에서 불티나게 팔렸다. 이는 재난

이 닥쳤을 때 국가가 제대로 정보를 제공하거나 대응할 것이라는 기대가 없는 국민의 심리를 드러냈다고 볼 수 있다.

1인 가구 급증도 각자도생 사회의 면모를 드러내 준다. 1인 가구는 세계적 흐름이다. 스웨덴의 1인 가구 비율은 34%에 이르고, 한국도 네 가구당 한 가구꼴, 25%가 혼자 산다. 각자도생, 1인 가구 경제를 '1코노미'라고 명명했다. '1인'과 '이코노미'(economy)를 결합한 이 단어는 대한민국 전반에 걸친 소비 패턴의 변화를 설명한다. "이들은 한 손에 젓가락을, 다른 한 손엔 스마트폰을 들고 혼자 밥을 먹으면서 끊임없이 SNS에 접속해 타인과 소통한다." 개인주의 성향이 강해지면서 "서로의 필요와 목적을 위해서만 모이며 각자의 신상에 단단한 '철벽'을 치고 '느슨한 모임'을 선호"하는 특성을 보이기도 한다. 세계 각국도 각자도생의 길, '고립주의' 흐름에 올라탔다. 도널드 트럼프 미국 대통령 당선과 영국의 브렉시트가 이 현상의 대표적인 사례이다.

각자도생 사회로 바뀌어서 사람들은 과연 행복하냐 하는 근본적 질문을 해 보았다. 한 손에 젓가락을 다른 한 손엔 스마트폰을 들고 혼자 밥을 먹으면서 끊임없이 SNS에 접속해서 타인과 소통하는 우리는 과연 행복한가? 묻지 않을 수 없다. 필요와 목적을 위해서만 모이며 각자의 신상에 대해서는 단단히 철벽을 치고 사는 우리가 과연 행복한가? 적당한 거리를 유지하며 일회용 비닐봉지 사용하듯 사람을 만나고 그렇게 연애하고 그렇게 우정을 나누는 것이 과연 행복한가? 어찌하여 우리 사회에 자율적 개인의 우정은 어디로 가고 각자도생의 사회로 변화했는가? 여기서 다시 한번 박노자 교수의 글을 인용한다.

> 우리는 '개인'이라기보다는 '전사'들이다. ... 살아남기 위해서, 부적응자들을 철저하게 걸러내는 사회에 어떻게든 제대로 편입하기 위해서 매일매일 처절한 싸움을 벌여야 한다. 이 싸움에서는 전우라고는 없다.
>
> ... "새 학기가 시작되었으니 넌 우정이라는 그럴듯한 명분으로 친구들과 어울리는 시간이 많아질 거야. 그럴 때마다 네가 계획한 공부는 하루하루 뒤로 밀리겠지. 근

데 어쩌지? 수능 날짜는 뒤로 밀리지 않아. 벌써 흔들리지 마. 친구는 너의 공부를 대신해주지 않아."

... 자신의 몸값을 무조건 높여야만 하는 우리의 '생존 전사'들에게는 '우정' 같은 개념은 허용되면 안 된다. ... '생존 전사'의 정신세계를 다스리는 것은 낙오의 공포다. 혹시나 누군가가 성공하고 내가 밀리면 어쩌나 하는 공포감이다. ... 내일 공부를 망치고 모레 스펙 쌓을 일을 못 하게 되면 '나'부터 망하는데, 백혈병에 걸려 죽는 삼성 노동자나 독거노인, 제작사들이 함부로 부리는 영화판 스태프들을 생각할 여유라도 있겠는가? 실은 생존 공포라는 부자연스러운 상태에 빠지게 된 사람들에게 "사회적 책임을 져라"고 요구한다는 것 자체는 어쩌면 지나치게 가혹할는지도 모른다. ... 우리 사회는 공통의 책임의식을 공유하는 자율적인 개인들 사이의 연대만이 살릴 수 있을 것이다. 그러나 그런 연대까지의 길은 아직 멀고도 멀다.(박노자, "우리가 '개인'이 되지 못하는 이유" 「한겨레」 사설 칼럼 2013. 6. 18.)

생존 경쟁에서 낙오할지 모른다는 공포심에 허우적거리며, 우정이라는 진정한 인간적인 연대를 팽개치고, 사회적 부조리에는 눈을 감고 홀로 외롭게 몸부림치며 살아가는 '각자고생'의 사회가 오늘 우리의 삶을 파괴하고 있다.

사랑과 우정

존 맥스웰(John Maxwell)이 쓴 『프렌즈: 영원한 멘토 나의 친구』는 진정한 친구, 가장 좋은 친구, 충직한 친구, 성공한 친구 등의 네 가지 범주로 우정론을 편다. 진정한 친구를 말하면서 맥스웰은 사랑과 우정에 대해 다음과 같이 이야기한다.

사랑은, 여전히 – 문제가 무엇이든 상관없이

– 지구상에 알려진 가장 위대한 치유책이다.

친구의 사랑은, – 그대 자신이 있는 그대로 받아들여진다는 기분을 느끼도록 해준다.

친구의 사랑은, – 그대에게 안부를 묻고 해답을 얻을 수 있도록 귀를 기울여 준다.

친구의 사랑은, - 비록 그대의 모든 것을 알고 있다고 하더라도 그대를 어루만져주며 여전히 사랑하게 된다. 다른 이들이 그대를 떠나더라도 친구의 사랑은 언제나 곁에 머물러 있다.

친구의 사랑은, - 하나님께서 주신 선물이기 때문이다.

사랑은 영원하며 사랑은 언제까지든지 사라지지 않을 것이다. 친구의 사랑은 하나님의 선물로 간주될 만큼 신성하고 아름답고 영원하다. 맥스웰은 진정한 친구에 대해 시적으로 표현한다.

진정한 친구는
소리를 내며 타는 불처럼 따뜻하며,
뜨거운 핫초코처럼 달콤하고,
어린아이의 포옹처럼 편안하다.
진정한 친구의 가치만큼 귀중하고 소중한 것은 드물다.

진정한 친구는
내가 품은 꿈을 믿으며,
내가 가진 기쁨을 나누며,
내가 흘리는 눈물을 닦아주며,
나에게 희망을 주며,
내 아픔을 싸매어주며,
내게 귀를 기울이며,
나와 함께 웃으며,
내게 더 나은 길을 보여주며,
내게 진실을 말하며,
내게 용기를 주는 사람,
어느 누가 나를 위해 이렇게 해줄 수 있겠는가.
친구가 필요한 이유가 여기에 있는 것을 …….

리차드 엑슬리(Richard Exley)는 진정한 친구를 이렇게 이야기한다.

친정한 친구란,

그대가 가장 깊은 이야기를 꺼내놓을 때

그것을 듣고 이해해주는 사람이다.

그러한 사람은 그대가 고군분투할 때

도움의 손길을 내민다.

그대가 실수를 범할 때 정중하면서도

사랑스럽게 그대를 만져둔다.

그리고 그대의 실패를 용납해준다.

진정한 친구는

그대가 성장하도록 자극을 주며,

그대의 잠재력을 극도로 키워주는 사람이다.

그리고 무엇보다도 위대한 점은,

그러한 사람은 그대의 성공을

마치 자신의 것처럼 축하해 준다는 사실이다.

만일 나에게 친구가 없다면,

나는 아무것도 없는 것이나 다름없다.

_ 빌리 홀리데이(Billie Holiday)

친구라는 것은 참된 인간이 되는 데 중요한 것이다.

_ 조지 산타야나(George Santayana)

그리스도를 본받는 것은 우정을 위해 문을 열어 놓는 것이다.

_ 빌리 그래함(Billy Graham)

친구가 되는 법

어떻게 하면 참된 친구를 사귀게 되는가? 우정이 깊어지는 비밀은 무엇일까? 동서고금을 막론하고 우정에 대한 찬사는 끊임없이 울려 퍼지지만 우리 주변에 참된 우정을 찾아보기가 쉽지 않은 것은 무엇일까? 우정의 깊이에 인간과 인간의 관계를 넘어서는 그 무엇이 있는 것은 아닐까?

우정은 인간적인 차원을 훨씬 넘어서 하나님의 사랑 안에서 완성된다. 우정의 깊이를 성찰하고 나라와 교회의 몰락 와중에 처절한 외로움을 토로한 아우구스티누스는 인간이 자기 한계를 초월해서 하나님의 내재와 힘 안에서 참된 우정을 이루어갈 수 있다고 한다. "친구 안에서 하나님을 사랑하는 사람은 진정으로 친구를 사랑한다. 하나님은 친구 안에서 계시거나, 친구가 하나님 안에 살기 때문이다." 아우구스티누스는 친구를 통하여, 친구 안에서 하나님을 만났고, 예수 그리스도를 구세주로 발견했다. 우정은 두 사람이 서로 사랑하는 것으로 완성되지 않는다. 두 사람은 서로 간의 사랑을 통해 하나님의 사랑과 연결된다. 삼위일체 하나님의 사랑과 연결된 우정이야말로 진정한 우정이다. "당신의 영혼을 사랑하지 않는다면 어떻게 친구의 영혼을 사랑할 수 있겠습니까? 그러므로 [사랑에는] 세 가지가 존재합니다. 사랑하는 사람, 사랑받는 사람, 사랑 그 자체입니다." 성부 성자 성령 하나님의 사랑의 신비와 우정을 통해 인간 간의 우정이 깊어진다.

우정은 손님 대접하는 환대(hospitality)를 통해 성숙해진다. 초대교회의 봉사(디아코니아)는 성도는 물론 낯선 사람에 대한 환대로 표현되었다. 초대교회는 방랑전도자, 순회설교자, 교사, 여행자 등 다양한 사람들에게 잠자리와 먹거리를 제공함으로 환대를 실천했다. 선교역사가인 허버트 케인(Herbert Kane)은 초대교회의 특성을 이렇게 웅변적으로 표현했다. "무기는 없어도 진리를 가지고, 깃발은 없어도 사랑을 가지고 단순한 마음과 친근한 태도로 예수님을 따르는 사람들은 산과 바다를 건너 제국 사방으로 다니면서 어디에 가든지 자기들이 발견한 새로운 신앙을 가족과 친지와 이웃에게 맘껏 전달했던 것이다." 이렇게 하여 복음은 광범위하게 퍼져나갔던 것이다.

누시아의 베네딕트(Benedict of Nursia)는 수도승들에게 손님 환대를 사랑의 소중한 형태로서 장려했다. 환대는 낯선 사람까지도 기꺼이 받아들인다는 것이고, 그에게 나의 시간과 삶을 나누고 주는 것이며, 비록 나와 다르다고 할지라도 손님이 가져온 낯선 것을 존중하고 소중히 여긴다는 뜻이다. 환대는 낯선 이라 할지라도 평가하거나 판단하지 않고 그를 있는 그대로 받아들인다는 의미를 지닌다. 환대는 환영, 수용, 편안함의 공간을 마련해주는 것이고, 낯선 사람에게 고향을 느끼게 해주는 것이다.

환대는 예수님의 말씀과 초기교회의 역사만 아니라 현대의 신앙과 선교를 위해서도 주된 토대가 된다. 신약성경의 환대에 대한 연구에서 존 퀘니그(John Koenig)는 이러한 주장을 하면서, 기독교 공동체의 특성이 아가페, 봉사 외에 환대임을 환기시킨다. 퀘니그는 파커 팔머(Parker Palmer)와 헨리 나우웬(Henri Nouwen)의 환대의 신학을 수용한다. 나우웬은 환대가 주관과 객관의 차이를 넘어서 상호 간의 소중한 은사를 밝히며 서로에게 새로운 삶을 나누도록 한다고 주장한다. 이러한 상호 간의 주고받음의 환대는 하나님의 사랑이 작용할 때 발생한다. 팔머는 가정이나 인식의 공간이나 관계없이 우리 개인의 공간으로 나그네를 초대하는 것이라 한다. 그러면 우리 개인의 공간이 확대되어 이전과는 달라진다. 딱딱하지도 않고, 답답하지도, 또 엄격하지도 않고 열린 공간이 되고, 포용적이며, 자유롭게 된다. 나그네를 환대하면 우리의 공간이 빛으로 덮여지며, “다른 눈들을 통하여, 우리 자신이 삶이 새롭게 된 것을 알게 하는 기회를 우리에게 제공해” 준다.

우정은 자신의 친구 되기가 먼저이다.

친구가 없다고 한탄하기 전에 먼저 자신을 돌아보기가 필요하다. 먼저 자신을 사랑하고, 자신을 아끼고, 보호하고, 자신의 편이 되고, 자신과 잘 지냄으로 우정은 싹튼다. 자신을 사랑하지 못하면 타인을 사랑하기 어렵다. 친구의 사랑스럽지 못한 면을 받아들이려면 자신의 약점과 단점, 부족한 점을 받아들여야 가능하다. "내 육체, 내 성장 과정, 내 느낌, 내 장점, 내 단점, 이 모든 것으로 나 자신에 대해 결단을 내려야 한다. 이때 필요한 것은 내 안에 있는 별로 사랑스럽지 못한 점까지 사랑하고 존중하겠다는 의지다." 자기 안에 감추어진 부정적인 상처의 감옥을 벗어버리고, 자기가 만들어 놓은 환성을 포기해야 하며, 스스로 움츠려두는 왜곡된 자아상을 포기할 때 우정은 싹튼다. 나 자신의 그리 아름답지도, 훌륭하지도 않은 내면까지도 사랑하지 못하면서 어떻게 타인의 그러한 점을 사랑할 수 있겠는가! 나 자신을 너그러운 시선으로 바라볼 때 친구를 너그럽게 수용할 수 있다.

우정은 자유로운 의지로 이루어진다.

독일어 우정(Freundschaft)은 고대 독일어 '프리야'(frija)에서 유래하는데, 이 말은 '자유로운'(frei)이란 말이다. 동시에 '프리야'는 '사랑하다'(frijon)라는 단어와도 같은 뿌리에서 유래한다. 우정 안에는 사랑과 자유가 내재한다. 친구는 사랑하되 묶이지 않는다. 에로스는 남녀 간에 서로 묶이는 사랑이라면 우정은 자유로운, 사랑으로 이루어진다. 진정한 우정은 내면의 자유에서 싹튼다. 내가 느끼는 것이나 옳다고 여기는 것을 친구의 눈치를 보지 않고 자유롭게 행동한다. 서로 간에 자유로운 공간과 여백을 보장한다. 비록 충심 어린 비판을 하더라도 신뢰를 바탕으로 하고, 비판받았다는 느낌 없이 기꺼이 수용할 수 있는 공간을 창출한다.

우정이 아무리 고귀하고 좋다고 하더라도 화초를 키우듯 잘 관리하고 보호하며 성장시켜야 한다. 『친구』라는 책에서 안셀름 그린은 우정을 위협하는 네 가지 위험을 이야기한다. 권태, 분주함, 불평등한 관계, 지나친 호의는 언제든 우정을 위험에 빠뜨릴 수 있으니 미리 대비해야 할 것이다. 따라서 참된 우정은 인간적인 차원을 훨씬 넘어서 하나님의 사랑 안에서 완성됨을 기억하고 기도하는 가운데 성장시켜야 한다고 생각한다.

우정선교

왜 우정선교인가?

우정은 양질의 삶을 위한 비타민으로써 개인의 삶뿐만 아니라 집단과 일에 중요한 요소이다. 특히 우정은 하나님의 선교에 핵심적인 요소임을 성경은 말하고 있다. 예수님은 하나님의 선교에서 높은 차원의 사랑이 우정이라고 했다. 우정이 하나님이 주신 사명을 이루는 데 필수적임을 강조했다. 이런 의미에서 우정선교를 제안한다. 우정은 하나님과의 우정, 사람과의 우정, 세상과의 우정 등 다양한 요소를 포함한다.

요한복음 15장에 예수님이 제자들에게 하나 됨의 중요성을 말씀하시면서 우정을 추구하고 실현하라고 하셨다.

하나님의 선교에 우정이 얼마나 중요한지를 제자들에게 이른 것이다. "내 계명은 곧 내가 너희를 사랑한 것 같이 너희도 서로 사랑하라 하는 이것이니라 사람이 친구를 위하여 자기 목숨을 버리면 이보다 더 큰 사랑이 없나니 너희는 내가 명하는 대로 행하면 곧 나의 친구라 이제부터는 너희를 종이라 하지 아니하리니 종은 주인이 하는 것을 알지 못함이라 너희를 친구라 하였노니 내가 내 아버지께 들은 것을 다 너희에게 알게 하였음이라"(요 15:12-15). 하나님 나라 구현을 위한 대위임령을 주신 예수님은 제자들을 종이 아니라 친구로 승격시키면서 파송하신다. 세상 속에서 선교적 그리스도인들이 가야 할 길, 추구해야 할 영성, 보여주어야 할 생활양식은 바로 우정이라는 것이다. 예수님은 제자들에게 자신이 듣고 알게 된 하늘 아버지의 비밀을 다 알려주셨다. 이것이 바로 삼위일체 하나님의 선교다. 하늘 아버지의 메시지를 예수님이 죽고 부활 승천하면서 제자들에게 남겨 준 것이다. 그러므로 선교적 그리스도인은 하늘 아버지를 사랑하는 열정과 우정으로 나아가야 한다. 세상에 파송 받은 제자는 세상을 사랑하는 열정과 우정으로 다가가야 한다. 그동안 한국교회는 선교 열정은 강조했지만, '선교우정' 혹은 '우정선교'를 너무 등한시했다. 이제 새로운 선교 패러다임은 '우정선교'이다.

성경 속 우정선교

독일의 신학자 미리암 힌리히스(Miriam Hinrichs)는 성경에서 하나님과 친구가 된 사람에 대한 이야기가 나온다고 하면서, 과연 인간이 하나님과 친구가 될 수 있느냐는 문제를 제기한다. 당연히 여기에서 제기되는 문제를 이해하기 위해서는 친구가 된다는 의미가 무엇인가 하는 것이다. 우정이란 나와 타자가 동등한 관계에서 일어나는 것이다.

어떻게 죄와 허물이 많은 인간이 전지전능하신 창조주 하나님과 동등한 관계에서 우정을 나눌 수 있다는 말인가? 하나님과 인간이 친구가 된다는 말은 어불성설처럼 들린다. 그럼에도 불구하고 하나님은 인간을 벗으로 삼으시는 것을 성경의 증언을 통해 알 수 있다. 하나님은 인간을 창조할 때 자기와 동일한 형상으로 만드셨고, 남자와 여자 역시 동등하게 창조했다(창 1:27). 창조주 하나님은 인간에게 생기를 불어넣음으로 인간과 불가분리의 관계를 형성했다(창 2:7). 하지만 여전히 우리에게 의문이 남는다. 창조주 하나님과 피조물 인간이 친구가 된다는 것은 근본적으로 불가능한 일처럼 보이기 때문이다. 다음과 같은 질문들이 제기되기 때문이다. 하나님은 죄인 된 인간이 도저히 가까이 갈 수 없고, 인간의 이성으로 다 알 수도 없으며, 인간의 지혜로 다 파악할 수도 없는 분이신데 어떻게 연약하고 불완전한 인간과 친구 관계를 맺을 수 있는가? 인간은 불순종하고 타락하여 창조주 하나님으로부터 분리된 존재이고, 하나님을 거역한 존재인데 어떻게 하나님과 인간이 우정을 나눌 수 있는가? 바벨탑을 쌓은 인간은 결국 분열되어 흩어지고 각자의 길을 가고 말았지 않은가? 창조 시에 주어졌던 하나님과의 우정은 인간의 불순종으로 깨어지지 않았는가?

요약하자면, 창조주 하나님과 인간의 우정은 인간편의

불순종과 타락으로 깨어졌다. 인간은 자기의 길을 간 존재인데 어떻게 하나님과 인간의 우정을 이야기할 수 있는가? 타락 이후에 인간과 하나님이 친구가 될 수 있고, 우정을 나눌 수 있는가? 라는 질문이 제기된다. 이러한 사실을 부인할 수 없지만 힌리히스는 성경에서 하나님이 주체적으로 인간을 친구로 삼으신 것을 지적한다. 성경에 하나님의 친구로 불린 인물이 있음을 환기시킨다. 하나님의 친구라는 개념은 성경에 기원을 두는데, 특히 아브라함과 모세를 하나님의 친구로 묘사한다.

성경에 하나님과 친구로 불리는 사람들은 오류가 없는 성인이 아니라 평범한 사람이라는 점이 독특하다. 예를 들면, 믿음의 조상인 아브라함은 두 번이나 자기 생명의 위협 때문에 아내를 누이동생으로 밝히는 지극히 연약한 인간인데도 하나님은 후에 아브라함을 찾아와 소돔과 고모라에 대한 심판을 미리 알려주신다. 아브라함이 하나님과의 친구가 된 것은 비록 모자라고 과오가 있는 사람이지만, 하나님의 선제적인 인도하심을 믿음으로 나아갔기 때문이다. 하나님께 그들의 마음을 열고 하나님을 찾고 하나님의 도움을 구하였기 때문이다. 그때 하나님은 그들을 친구처럼 만나주셨다.

"사람이 자기의 **친구와 이야기함 같이** 여호와께서는 모세와 대면하여 말씀하시며 모세는 진으로 돌아오나 눈의 아들 젊은 수종자 여호수아는 회막을 떠나지 아니하니라"(출 33:11). 이 성경에서 모세가 하나님과 대면하여 소통했다는 것은 흔치 않은 친밀함을 표현한다. "대면하여"(face to face)라는 말은 하나님의 현현(나타나심)을 의미하지 않는다. 이 말은 하나님 편의 친밀한 소통을 의미하는 숙어적 표현이다. 여기에서 친구라는 단어는 히브리어로 로하브(רעהו)인데, 이 말은 일반적인 친구나 동료를 의미하기도 하지만 여기서는 친밀한 친구(friend, intimate)를 의미한다. 이에 대한 좋은 예가 바로 이어지는 본문(출 33:12-17; 33:18-34:9)이다. 모세가 백성들을 위해 하나님께 자비를 구하는 간청과 하나님의 응답은 친밀한 우정을 보여준다.

역대하 20장 7절도 아브라함을 하나님의 벗이라 칭한

다. “우리 하나님, 주님께서는 전에 이 땅에 사는 사람들을 주님의 백성 이스라엘 앞에서 쫓아내시고, 그 땅을 **주님의 벗 아브라함**의 자손에게 길이 주신 분이 아니십니까?”(대하 20:7, 새번역). 이 본문에서 벗이란 용어는 아하브(דבהא)로서, 친구, 연인 등을 의미한다.

신약성경에도 예수님은 제자들을 친구라 호칭한다. “이제부터는 너희를 종이라 하지 아니하리니 종은 주인이 하는 것을 알지 못함이라 **너희를 친구라** 하였노니 내가 내 아버지께 들은 것을 다 너희에게 알게 하였음이라”(요 15:15). 여기에서 친구라는 말은 헬라어 필루스(φίλου)이다. 요한복음 15장 13절에서 예수님의 친구란 사랑의 대상이요, 주님께 순종하는 자이다. 종(douloi, slaves)이 아니라 친구라고 지칭한 것은 혁명적이다. 당시 사회는 요즘보다 훨씬 더 계급계층 구조적이었기 때문이다.

종은 주인의 말에 절대 순종해야 마땅하다. 그런데 친구는 생각을 나누고, 신뢰를 얻고, 특권을 가지며, 주인의 마음을 충분히 이해하며, 순종하기를 배운다. 예수님은 하나님이시지만 그의 동기, 계획, 목적에 대해 친구로서 우리에게 알려주시는 고통을 마다하지 않으신다. 제자들은 예수님의 구속 사역에 대해 더 많이 알고, 더 많은 특권을 가지고, 더 많은 이해를 하게 된다.

누가복음의 수신자인 '데오빌로'(Theophilos)는 '하나님의 친구'라는 의미를 가진다(눅 1:3). 정확하게 누구인지 자세히 알 수는 없지만, 누가복음의 수신자로서 그가 유력한 자요, 당시 교회에 중요한 인물로 알 수 있다. 그의 이름이 '하나님의 친구'라는 것은 당시 그러한 말이 그리 낯설지 않았다고 볼 수 있다. 교회사에서 보면 나지안조스의 그레고리우스(Gregory of Nazianzus, 329~390)와 아우구스티누스(Augustinus, 354~430)가 기독교 신학과 영성의 의미에서 하나님의 친구라는 개념을 사용하였음을 알 수 있다. 중세에는 성경에 나오는 인물 가운데 세상에서 구별되고 하나님께 헌신하는 인물들의 별명으로 하나님의 친구라는 말이 사용되었다. 이러한 의미에서 중세 시대에 여러 개인과 집단을 '하나님의 친구'로 지칭했음을 알 수 있다.

과연 오늘날에도 하나님과 인간 사이에 우정을 이야기할 수 있는가? 여기에 대해 독일의 여성 신학자인 힌리히스는 가능하다고 말한다. 그 근거로 이사야 65장 1절을 가져온다. "나는 나를 구하지 아니하던 자에게 물음을 받았으며 나를 찾지 아니하던 자에게 찾아냄이 되었으며 내 이름을 부르지 아니하던 나라에 내가 여기 있노라 내가 여기 있노라 하였노라." 하나님은 여전히 우리와 친구가 되기를 원하시는 분임을 이 구절에서 확인할 수 있다고 주장한다. 타락하고 범죄한 인간이지만 우정을 나누기 위해서 하나님은 자기의 가장 고귀하고 사랑하며 최고의 존재인 독생자 예수를 보내셨다. 예수님은 언제 어디서나 모든 인간이 하나님과 친구가 되도록 부르시는 초청장이다.

그렇다면 어떻게 하나님과 인간이 친구가 될 수 있는가? 인간이 자기의 죄로 수치심을 느끼고, 하나님의 완전하심 앞에 전율할 수밖에 없는데 어떻게 하나님을 친구로 편안하게 대할 수 있는가? 수많은 사람이 하나님을 외면하고 있지 않은가? 우정은 대등한 관계성 아래 가능하다고 했다. 아울러 우정은 있는 그대로 정직하게 존재하는 자유를 의미한다. 모든 오류와 연약함과 교만이 가득한 인간 존재 그 자체이지만 정직하게 하나님 앞에 무릎 꿇고 도움을 요청하면 하나님은 그러한 인간이라도 외면하지 않으신다는 것이다. 아브라함과 모세를 친구로 만나주셨던 하나님은 오늘날 우리도 그렇게 만나 주신다. 하나님이 인간의 근원적인 존재 양식을 자기와의 우정 속에서 조성하셨기에 인간은 바로 그 하나님과의 우정 속에서 깊은 충만함을 맛볼 수 있다.

우리의 가장 좋은 친구가 되기를 원하시는 하나님은 예수님의 십자가를 통해 만인이 만인에게 서로 친구가 될 수 있는 구원의 길을 열어놓으셨다(롬 5:10).

역사 속 우정선교

초기 켈트 그리스도인의 아남카라(Anamchara)

토마스 머튼(Thomas Merton)은 『사막의 지혜』(*Wisdom of Desert*)에서 팔레스타인, 시리아, 이집트에 살았던 사막 그리스도인 사이의 친숙한 관계를 보여준다. 그에 의하면 3-4세기 사막의 그리스도인들은 영적 지도자인 멘토를 아바스(abbas, 아버지), 혹은 아마스(ammas, 어머니)라고 불렀다. 추위와 굶주림과 안전과 생존의 위협에 처해 있던 사막의 그리스도인들에게 영적 지도자는 그야말로 생명의 젖줄이었을 것이다. 그래서 인간관계에 가장 친밀하고 정이 있는 아바스, 아마스를 두게 되었다고 본다.

반면에 5-8 세기경에 세계 선교의 진원지라 할 수 있었던 켈트 교회 그리스도인들은 자신들의 영적 멘토를 아남카라(anamchara)라고 불렀다. 아남카라라는 말은 "영혼의 친구"(friend of the soul) 혹은 "영혼 친구"(soul friend)라는 의미를 지닌다. 원래 이 말은 스코틀랜드 고지대(Highland) 혹은 드물게 아일랜드 켈트인의 언어인 게일어(Gael)에서 온 말이다. 아남카라라는 용어는 우리가 우리 자신의 커다란 즐거움과 깊은 두려움을 나눌 수 있는 관계에서 사용되는 말이다. 아남카라는 "우리의 가장 나쁜 죄들과 끊임없는 잘못들을 고백하고, 치고의 소망들 그리고 아마도 가장 분명치 않은 꿈들까지도 분별해 줄 수 있는 누군가"를 지칭한다. 아남카라, 즉 영혼의 친구라는 말은 켈트 교회에 한정되지 않고 중세에 널리 퍼져 있었다고 한다. 아일랜드의 성인으로 알려진 성 브리깃트(St. Brigit)는 아남카라를 이렇게 소개한다. "누구든지 영혼의 친구가 없는 사람은 몸에 머리가 없는 것과 같다." 초기 켈트 교회의 그리스도인들 사이의 관계는 평신도들과 서품받은 사제 사이에, 여자들과 남자들 사이에 아남카라가 폭넓게 개방적으로 사용되었다. 켈트 그리스도인들의 영혼 친구는 진공상태에서 태어난 것이 아니다. 켈트 문화의 독특한 전통을 이어받은 것으로 보인다. 켈트의 전통문화란 "시적인 상상력과 예술적인 창조성, 긴밀한 상호관계 그리고 마음의 온유함, 신비한 이야기 그리고 꿈의 인도와 같은 것에 가치를" 둔 독특한 것으로서 자연과 조화를 이룬 영성적 문화이다. 아름다운 풍경, 힘 있는 바다, 밤하늘에 펼쳐지는 무수한 움직임들에 깊은 영향을 받은 영성에 의해 영혼 친구가 기독교적인 영성으로 창조적인 융합을 했다고 본다. 우정선교의 소중한 사례로 간주되는 켈트 영성의 특징을 몇 가지로 나누어서 고찰하고, 이러한 영성이 오늘 우리의 우정선교 형성에 기여할 수 있으리라 믿는다.

첫째, 켈트 영성의 특징은 자연적, 물리적 환경에 대한 사랑과 경외심이다.

일상생활을 자연과 밀접한 관계에서 본 켈트 그리스도인들은 "모든 사물 안에 있는 신적인 것의 내주에 대한 경

이감과 두려움을 반영한” “허드”(hud)라는 영성에 기초한다. ‘허드’는 지구를 풍요의 어머니로 보는 자연에 대한 깊은 경외심에서 영혼의 편재, 즉 고목과 신성한 숲, 산 정상과 돌 조각, 강과 시내, 그리고 거룩한 우물 등에 영혼이 내재한다고 믿는 전통에 토대를 둔다. 이러한 전통과 기독교의 복음과 창조적 융합을 하여 켈트 그리스도인들의 독특한 영성을 산출해내었다. 이러한 모든 자연과 생명체에 대한 경외심은 모든 살아 숨 쉬며 움직이는 것들에 대해 보살핌과 상호관계성으로 발전했다. 자연, 식물과 동물 그리고 인간에 대한 경외심과 상호관계성을 토대로 자연에 대한 노래나 돌봄은 물론 상호 간에 생명 연대와 부조를 실천하게 되었다. 심지어 농불들조차 “일단 친구가 되면 성인들을 돕는 협력자가 되었다.”

둘째, 켈트 영성의 특징은 배움에 대한 열정과 사랑이다.

켈트 교회의 요람인 아일랜드는 영혼 친구들의 상호보완과 나눔과 영성 수련의 수도원만 아니라 학교도 번성하였다. 기록물 제작과 보전과 전승 및 배움에 열정적이었던 켈트 그리스도인들은 하나님과 거룩함에 대해서도 배움을 보여주었다. 학문에 대한 존경과 지혜에 대한 갈망은 켈트 그리스도인들의 영혼 친구에 나타나는 탁월한 영성이다. 이러한 배움에 대한 열정과 사랑은 켈트 선교사들에 의해 프랑스, 독일, 이탈리아 등 유럽 대륙으로 퍼져나가서 경건과 학문의 전통을 형성하게 되었다.

셋째, 켈트 영성의 특징은 미지의 것에 대한 탐험 정신이다.

기독교 이전의 켈트 족의 모험과 탐험 정신과 여행열정이 기독교 유입 이후에 그대로 상황화되어 나타난 덕목으로 보인다. 삶 자체가 산과 바다 등 자연의 리듬에 조화하며 적응하는 특성을 지녔기에 이러한 특성이 더 잘 드러났다고 본다. 그래서 성경 이야기 가운데 고래 뱃속의 요나 이야기, 아브라함과 사라의 이방 순례기, 모세의 출애굽 이야기, 베드로와 바울의 선교 여행 등에 많은 영감을 받았을 것으로 보인다. "그들은 그리스도를 위해서 한 생명을 포기하는 '적색 순교'(red martyrdom) 혹은 모진 회개 의식에 참여하는 '녹색 순교'(green martyrdom)와 대조되는, 복음을 위해서 가정과 건강으로부터 멀리 떨어져서 몇 년을 사는 '백색 순교'(white martyrdom)를 감수하였다." 켈트인들은 '히라쓰'(hiraeth)라는 특별한 용어를 사용했는데, 이는 가정과 백색 순교를 결합하려는 강한 열망을 표현하는 것이라 한다. 켈트인들이라고 가정을 무시하지는 않지만, 대의를 위해 가정을 떠나는 아픔, 또한 가정은 참아야 하는 모든 것 중에서 가장 힘든 것으로 여겨졌다.

중세의 '하나님의 친구'

'하나님의 친구(Gottesfreunde)'라는 용어는 성경에서 먼저 찾아볼 수 있으며, 개인만 아니라 집단을 가리키기도 한다. 집단으로는 14세기 독일 신비주의 환경에서 등장한 기독교 운동을 가리킨다. 하나님의 친구에는 남녀가 동등하며, 하나님과 특별한 관계를 맺은 사람으로서 세상 속에서 직업을 가진 평신도를 지칭하고, 한편 수녀와 수사와 사제들을 포함하였다. 이들의 특징은 독일 정통주의의 엄격한 교리 중심이나 굳건한 조직 지향이 아니라 신비주의 운동이라는 점과 세속적인 직업을 가진 이들이 성직자보다 더 높이 평가된다는 점이다. 따라서 이들의 기록은 라틴어가 아니라 독일어로 쓰였다. 하나님의 친구라는 이름은 특정 그룹으로 한정하는 데에 어려움이 있다.

교우관계를 통한 우정선교:
마태오 리치(Matteo Ricci, 1552~1610)

2010년 서강대학교 신학대학원 주최로 열린 "마태오 리치 선종 400주년 기념 국제학술대회"에서 "초기 예수회의 교육과 마태오 리치의 선교활동"이란 제목의 발제를 한 심종혁 신부(예수회 · 서강대 신학대학원 교수)는 마태오 리치를 한

마디로 압축하여 "우정으로 선교한 '우정의 순교자'"로 지칭한다.

마태오 리치의 선교방법을 적응주의로 규정하는데, 특히 중국 문명과 서양 문명과의 우정은 물론이고 선교사와 중국인과의 우정 또한 중요한 요소로 간주된다. 그래서 마태오 리치의 중국 선교를 '우정'(friendship)을 통한 선교 혹은 교우관계를 통한 우정선교로 평가할 수 있다. 세계지도를 제외하고 마태오 리치가 쓴 저서로 첫 번째가 바로 『교우론』(1595)이다. 이 책에 고대 서양의 현자들의 우정에 대한 글을 발췌하여 중국인들이 잘 이해할 수 있도록 중국의 풍습을 가미하고 적응하여 새로 집필하였다. 중국의 지식인들이 이를 통해 마태오 리치가 고대로부터 이어져 온 우정이라는 가치를 중시하고, 배움을 사랑하며 진리를 열망한다는 것을 인식하게 되었다. 우정을 통한 폭넓은 교우관계는 그가 중요하게 여겨온 인문주의적 가치로써, 유럽에서뿐 아니라 중국에서의 마태오 리치의 삶에서 중요한 요소였다. 우정이란 중국의 유학 전통에서도 가장 중요한 핵심이 되는 오륜의 하나로서 사회적 지위나 직업적 동질성 혹은 가족의 범주를 넘어서는 의지적 참여를 통한 관계에 주요점을 두는 가치인 것이다. 우정을 통한 관습적인 사회관계의 범주를 뛰어넘어 더 폭넓은 관계의 망을 넓힐 수 있다는 것이다. 마태오 리치와 그의 중국 친구들은 삶에 대한 인문주의적 접근을 공유하는 바로 이 우정을 통해 두 세계, 즉 중국 청대의 문화와 유럽의 르네상스 문화가 만날 수 있다는 비전을 나눈 것으로 볼 수 있다. 그러므로 마태오 리치의 『교우론』은 폭력을 통한 정복이 아니라 우정을 통한 평화의 문을 통해 중국 사회와 문화에 진입하고자 했던 일종의 마태오 리치 프로젝트 설계도라고 볼 수 있다. 마태오 리치는 벗을 '나의 반쪽' 혹은 '제2의 나'라 하였다.

마태오 리치는 서구 과학 기술과 문명을 중국에 소개하고 동시에 중국의 불교와 유교의 문명을 기독교적인 적응주의에 따라 깊이 이해하여 복음의 상황화를 실천하였으며, 중국의 문명을 서구에 소개하기도 하였다. 외국인에게 폐쇄적이었던 당시 중국 사회에 깊이 들어갈 수 있었던 것은 제국주의의 점령군적 태도가 아니라 현지 문화와 사람에 대해 배움의 자세로 들어간 것과 중국 문화와 사람과 우정을 맺은 덕분에 바른 선교를 할 수 있었다. 마태오 리치는 현지인, 현지문화에 환대의 자세로 일관하였으며, 자신이 방문하거나 또는 자신을 찾아오는 수많은 친구나 방문객들을 거부하지 않고 환대하였다. 그가 비교적 젊은 나이인 57세에 세상을 떠난 이유를 이러한 개방과 수용적인 환대로 과로한 탓이라고 보기도 한다. 당시 북경에 체류했던 지적 호기심과 서구 문물에 관심을 가졌던 수많은 중국 선비들은 마태오 리치를 빈번하게 찾았다고 한다. 그리하여 마태오 리치를 '우정의 순교자'라고 지칭하기도 한다. 마태오 리치가 우정을 나누고 복음을 전한 중국인들 가운데 대표적인 사람은 구태소, 섭향고, 서광계, 건앙왕 등이 있다. 특히 섭향고는 마태오 리치를 일컬어 "그는 명석하고 온화하다. 많은 사람과 토론을 해도 한쪽에 치우치지 않고 늘 초연한 태도를 지키며 토론의 질서를 어지럽히지 않는다. 단연 인상적인 인물이다."라는 평을 하였다.

근대 개신교 타문화권 선교의 핵심 열쇠로서 우정

보스톤 대학교의 선교역사학자인 다나 로버트(Dana L. Robert)는 1910년에 개최된 에딘버러선교사대회로부터 20세기 중반까지의 개신교 선교역사를 이해하는 핵심 열쇠 가운데 하나는 '문화 간의 우정'(cross-cultural friendship)이라고 지적한다. 기독교 선교의 성공여부는 인간적인 우정에 좌우된다고 한다. 선교의 실패는 바로 이러한 우정의 실패로 볼 수 있다고 주장한다. 그런데 이러한 선교가 20세기 선교에서 뒷마당에 파묻힌 보석처럼 감추어져 있었다. 인간의 자기중심성과 이기심이라는 연약함과 부족함에도 불구하고, 하나님의 선교에 참여하는 인간의 선교는 바로 우정이라는 요소로 인해 참된 전 세계적인 기독교 공동체를 형성할 수 있다.

타문화권 선교의 한계와 그 한계를 극복하고 참된 선교를 가능하게 하는 요소는 바로 우정, 즉 친구가 되어 우정을 나누는 것이다. 1910년 에딘버러선교사대회에서 서구 중심의 인종차별주의와 가부장주의 및 식민제국주의 선교의 약점을 제기하며 예언자적 목소리를 냈던 아자리아(V. S. Azariah)의 다음과 같은 말은 예나 지금이나 하나님의 선교에 참여하는 모든 교회와 사람들에게 경종을 울리는 소리이다. "오고 오는 세대에 인도 교회는 선교단체의 영웅적 헌신과 자기 부정의 수고에 감사함으로 증언할 것이다. 여러분들은 가난한 사람들에게 물질을 주었으며, 여러분들의 몸을 불사르게 내어주었다. 우리는 또한 사랑을 원한다. 우리에게 친구를 주시오!" 아자리아의 이러한 호소는 비단 20세기 중반까지의 선교에 한정되는 것이 아니라 21세기 다원화하고 세계화로 더 네트워크화한 지구촌에서도 여전히 요청되는 덕목이요 영성이다. 과거 그 어느 때 보다도 관계성이 중시되는 시대에 우정선교는 우리가 다시 한 번 더 환기해야 할 신학적이며 선교실천적인 요소로 보인다.

비록 20세기 중반 이후 선교에 있어서 우정이란 요소가 파트너십으로 전환되는 추세를 보였다. 하지만 21세기 오늘날의 관계망이 더 좁혀진 상황에서 우정선교를 선교의 중요한 주제로 관심을 환기시킨 학자는 다나 로버트이다. 그녀의 핵심 주장은 세계적인 차원의 우정이야말로 참된 하나님의 선교에 참여하는 원리와 방식이라는 것이다. 그녀는 세 가지 관점에서 자기의 관점을 설명한다. 첫째로 우정은 타문화권 선교 이야기의 고래 등의 심줄 같은 핵심이라고 한다(World Friendship as Cross-Cultural Discourse). 특히 에딘버리선교사대회 이후 1920년대를 거치면서 수많은 선교단체, 즉 WSCF, YMCA 등을 통해 우정의 선교적 의의가 강조되었음을 환기시킨다. 이 시대에 가장 주목할 만한 우정에 대한 강조는 1923년 학생자원운동(SVM) 회의 때 발표한 중국교회협의회 명예 총무인 쳉(C. Y. Cheng)의 강연이었다. 그는 우정을 선교의 질적 시금석으로 말한다.

> 우정은 위대한 말이다. 특히 동양 사람들에게 더 그러하다. ... 누군가 우정의 정신으로 우리에게 다가오면 결국에는 우리의 마음을 얻게 될 것이다. ... 바로 이 우정은

> 기독교적인 사랑의 다른 이름이요, 오늘날 선교의 수많은 문제를 해결하는 열쇠요, 우리의 사역을 더 성공으로 이끌 것이다.

이렇게 1920년대에 여성, 청년, 학생, 장년 할 것 없이 다양한 선교단체와 기구들에 우정은 선교의 중요한 핵심 주제로 떠올랐다. 둘째로 다나 로버트는 우정을 문화 간의 다리(Bridges Across Cultures)로 간주한다. 동양과 서양, 아프리카와 서양, 동양과 아프리카, 중남미와 서양 등 문화 간의 가교를 형성하는 중요한 선교적 덕목은 인간관계에서의 우정이라고 본다. 이러한 문화 간의 소통의 중요성과 선교의 실천적인 덕목으로 우정의 의의에 대해서 다나 로버트는 다음과 같이 진단한다. "선교사와 현지인 그리스도인이 공유하는 통문화적인 하나님 나라의 비전은 바로 이러한 우정에 토대를 둔다." 이것은 비단 선교사와 현지인 그리스도인 사이의 통문화적인 가교로서의 우정만이 아니라, 더 나아가서 기독교와 타종교와의 관계에서도 적용

할 수 있는 가교로서의 우정을 말할 수도 있다. 특히 독일 베를린선교부의 원장이었던 지그프리드 크낙(Siegfried Knak)은 탄자니아 현지의 선교에서 그리스도인과 이방인, 무슬림 사이의 긴밀한 관계성에 대해 언급한다. 복음을 타협하지 않으면서도 “마음 대 마음”의 접근법으로 우정을 형성함으로써 회심을 하게 된다고 본다. 셋째로 다나 로버트가 제시하는 문화 간의 우정은 가난하고 힘없는 사람들을 대변하고 옹호할 수 있다. “목소리를 상실한 사람들에게 그들의 소리를 내게 하는”(Giving voices to the voiceless) 것이다. 한마디로 현지인들이 외부인의 선교에 대해 그들만의 목소리를 내게 하는 것이다. 과거 서구인들의 배타주의와 인종차별주의와 식민제국주의로 인해 현지인들이 자기들의 목소리를 낼 수 없었다. 결국 이로 인해 서구인의 위선과 복음 전파의 장애요소가 된 것을 지적하지 않을 수 없다. 이러한 관점에서 문맹퇴치 사역을 한 프랭크 루박(Frank Laubach)의 선교사와 현지인과의 친밀한 우정 관계 형성은 대표적인 사례로 꼽힌다.

우정 혹은/그리고 파트너십

2차 세계대전이 끝나면서 식민제국주의가 종말을 고하고 기존의 식민지가 독립국이 되면서 타문화 선교에 있어서 우정보다는 파트너십이 강조되었다. 특히 전후에 첫 번째로 열린 휘트비 국제선교협의회(Whitby IMC, 1947)가 "순종 속의 파트너십"(Partnership in obedience)을 제기하면서 파트너십이 더 고조되었다. 그로부터 1년 후 WCC의 창설로 세계 교회 간의 파트너십이 핵심 의제로 부상하였다. 탈식민주의 이후 타문화권 선교는 상호 간의 청취, 존중, 현존(presence) 등이 중요한 의제였다. 그러나 식민주의에 대한 죄책감과 과거에 대한 반성에서 동반자 선교를 강조하게 되었지만, 교회 간 혹은 인간 간의 친밀한 우정에 대한 덕목은 경시되는 경향을 가지게 되었다. 아울러 동반자 선교는 기구와 조직 차원에서 협력을 강조하게 되었다. 반면 인격적이며 신앙적인 헌신과 우정에 대한 관심은 약화되었다. 아자리아의 "우리에게 친구를 주시오!"라는 절규는 "선교사여 본국으로 돌아가시오!"라는 선교의 모라토리움(moratorium, 선교일시활동중지)으로 바뀌었다. 이러한 혁명적인 변화의 와중에 타문화권 선교에서 우정에 대한 중요한 사례로 인도 선교사 레슬리 뉴비긴(Lesslie Newbigin)과 디 티 나일스(D. T. Niles)의 우정이라고 할 수 있다. 이 둘의 우정이 높이 평가되는 이유는 상호 간의 온전한 동등성과 상호 존중과 격려였다.

예수님이 말씀하셨던 바와 같이 "내 계명은 곧 내가 너희를 사랑한 것 같이 너희도 서로 사랑하라 하는 이것이니라 사람이 친구를 위하여 자기 목숨을 버리면 이보다 더 큰 사랑이 없나니

너희는 내가 명하는 대로 행하면 곧 나의 친구라"(요 15:12-14) 사랑은 친구가 됨으로, 그 친구는 목숨까지 버리는 성육신적 자기 포기로 나아갈 때 참된 하나님의 선교가 구현될 것이다. 따라서 성급한 전도나 인간적인 사회봉사에 앞서 하나님 아버지 안에서 참된 친구가 되는 것이 선교에 우선적인 방향이요, 목표가 될 것이다. 오늘날과 같이

선교가 단기선교여행이나 각자도생의 표피적인 관계성과 경제적 불평등으로 참된 친구가 되기 어려운 상황에서 과연 어떻게 우정선교를 구현할 것인가 하는 문제는 이전보다 쉬운 과제는 아닐 것이다. 하지만 우정은 "다문화적이고 세계적인 종교로서의 기독교를 드러내는 증거와 약속으로서" 우리가 회복하고 실천해야 할 과제로 남아 있다.

성육신적 선교 실행으로서 글로벌 우정

선교는 타문화권의 타자와의 관계성에서 이루어진다. 따라서 선교는 하나님과의 관계는 물론이고 타자와의 관계, 특히 타문화권 현지인과의 관계와 선교사 상호 간의 관계를 어떻게 형성하느냐가 중요한 관건이다. 특히 21세기의 4차 산업혁명시대의 특징인 소프트웨어의 혁명은 데이터 기반 혁명(data-based revolution), 초연결 혁명(hyper-connected revolution), 초융합 혁명(hyper-convergent revolution), 초지능 혁명(hyper-intelligent revolution)이라는 특성을 보인다. 이것은 이전에 아날로그 사회에서 경험하지 못했던 그야말로 혁명적인 변화를 가져올 것으로 예측한다. 그런데 이러한 대규모의 광범위한 변화의 원동력은 바로 인간이요, 이것은 과학기술 분야만 아니라 인문학, 특히 신학의 영역에도 마찬가지이다.

흔히 매스 미디어와 사회적 변화에 따른 세대 구분을 전통 세대, 베이비부머 세대, X 세대, Y 세대, '밀레니움 세대' 혹은 N 세대로 하는데 최근에 등장 한 세대는 'i 세대(iGeneration)'이다. 이때 i는 두 가지 의미를 내포한다. 하나는 iPhone, iPod, WiFi, iTunes 등 모바일 기술 유형 사용이고, 다른 하나는 이러한 기술공학 사용 방식이 '개인화' 되었다는 것이다. 'i 세대'의 특징은 일반적으로 광범위한 미디어 사용, 전자 커뮤니케이션의 애용, 멀티태스킹 활동이다. 사람보다 스마트폰과 더 친한 'i 세대', 하루 평균 80회 이상 스마트폰을 확인하고 스마트폰과 함께 성장하는 세대, SNS를 공기처럼 접하는 'i 세대'는 보통 개인주의, 전통 사회규범 거부 현상 및 평등 의식을 가진 세대로 간주된다. 진 트웬지(Jean M. Twenge)는 'i 세대' 특징을 주제어로 요약하여 제시한다. 유년기가 청소년기로 연장(느린 성장), 직접적인 만남을 통한 사회적 상호작용 감소(대면만남 지양), 우울증 등 정신 건강 문제 급증(불안정성), 성, 인간관계, 자녀에 대한 새로운 태도(애매모호함), 관용, 평등, 그리고 언론 자유 논쟁(포용성), 좌도 우도 아닌 독립적인 정치 시각(독립성) 등으로 제시한다.

따라서 우리는 제4차 산업혁명 시대에 새롭게 변화하는 인간과 사회의 존재 양식에 능동적으로 대처하고 변화를 창조적으로 이루어내는 선교를 모색해야 한다. 이러한 시대의 근본적인 변화에 부응하는 선교 영성 형성과 선교 실천 양식으로 인간관계의 가장 기본적인 토대가 되는 우정이라고 할 수 있다.

앞에서 살펴본 바와 같이 다나 로버트는 우정선교의 중요성과 가능성에 대해 논지를 펼치면서 좀 더 발전시킨다. 그녀는 세 가지 차원에서 선교와 우정의 연관성을 논

증한다. 첫째로 글로벌 우정은 영성 형성의 기회를 제공한다. 글로벌 관계성 속에서 맺어지는 우정으로 다양하고 광범위한 지역을 관통하는 인간관계의 조성을 통해 자기 자신의 기독교 신앙을 깊이 있게 만드는 영성 형성을 촉진한다. 장단기 선교여행이나 국가 간의 원조나 사회봉사 등 많은 일을 통해 지리적, 종족적, 경제적 경계선을 넘어서 우정을 나누며 친구 관계를 맺는 것은 대단히 중요한 영성 형성을 도모한다. 예수 그리스도의 이름 안에서 타자를 만나고 우정을 맺는 것으로 깊이 있는 영성 형성을 도모하고 영적 통찰력을 가질 수 있다. 결국 선교에 참여함으로 인해 타자의 변혁은 물론 자기 자신의 변화를 일으키는 점이 선교의 독특한 묘미라고 할 수 있다.

둘째로 변혁을 이루는 길로서의 글로벌 우정을 이해할 수 있다. 이제 선교는 단순히 물질과 지식과 영적 자원을 제공하여 필요를 충족시키는 데 그치지 않고 진정한 친구 관계를 맺고 정의롭고 사랑이 깃든 사회로의 변혁을 도모해야 마땅하다. 만약 선교사가 먼저 복음을 전해 듣고 알고 믿는다고 해서 일방적으로 아직 복음을 듣지 못하거나 믿지 못하는 사람을 변화시키려고만 한다면 큰 자가당착에 빠질 수 있다. 이런 경우 현지인들을 사랑하는 이름으로 혹은 선교라는 명목하에 자기의 영적 만족에 빠지는 이기적인 사역이 될 수 있는 함정에 빠질 수 있다. 그러므로 우정을 통한 상호 평등한 관계 속에서 상호 간의 변혁을 이루는 서로 배움, 상호 나눔, 더불어 축제를 벌이는 사랑과 우정의 공동체를 이루어야 한다. 탈식민주의적, 글로벌 네트워킹 시대에 걸맞은 변혁의 선교는 상호 간의 만남과 변혁으로 귀착되어야 하며, 이것은 선교의 부산물이 아니라 선교의 본질적인 요소이다. 자기의 유익을 구하지 아니하는 사랑의 선교는 우정을 토대로 상호 간의 변혁을 이룸으로 구현된다.

셋째로 다나 로버트는 글로벌 우정이야말로 성육신적 선교 실천이라고 한다. 삼위일체 하나님의 선교에 동참하는 선교가 21세기 선교의 중요한 모델 중에 하나로 간주된다. 하나님의 선교는 타락하고 죄 많은 인간을 구원하기 위해 하나님이 친히 인간이 되신 성육신을 중심으로 전개된다. 독생자 예수님은 인간의 몸을 입고 제자들을 부르시고 그들을 친구로 부르시며 우정의 관계를 형성한다. 제자들은 스승 되신 예수님을 중심으로 공동체를 이루며 하나님 나라를 증거 한다. 다나 로버트가 올바로 지적했듯이, 우정과 교제와 제자도는 상호 긴밀히 연결되는 하나님의 선교의 중요한 요소가 된다. 임종을 앞둔 예수님은 제자들에게 다음과 같이 부탁한다. "사람이 친구를 위하여 자기 목숨을 버리면 이보다 더 큰 사랑이 없나니 너희는 내가 명하는 대로 행하면 곧 나의 친구라 이제부터는 너희를 종이라 하지 아니하리니 종은 주인이 하는 것을 알지 못함이라 너희를 친구라 하였노니 내가 내 아버지께 들은 것을 다 너희에게 알게 하였음이라"(요 15:13-15). 삼위일체이신 예수님이 친히 인간을 친구라 지칭하고, 친구를 위한 사랑이 최고의 사랑임을 일깨우시며, 이러한 친구의 사랑, 우정 안에서 하나의 공동체, 즉 제자공동체를 이루어 죽음에서 부활하신 예수님을 주와 구세주로 증거하라고 하신다. 예수님의 대제사장 기도에도 이러한 우정과 교제와 제자도의 연계성이 강조되어 나타난다(요 17:21-23). 예수님이 친히 인간이 되시고(성육신), 제자들과 사랑과 우정의 공동체를 이루시고, 마침내 우정과 교제의 제자 공동체를 통해 하나님의 선교의 위대한 과업을 이어가게 하신다. "교제를 통한 자기희생적인 상호 간의 사랑은 사람들을 하나님께로 이끄는 것이다." 어떤 사역을 실천하든, 그리고 그 어떤 사람들을 만나든 그들과 참된 우정과 교제를 바탕으로 한 사랑의 관계망을 형성하지 못하면 참된 선교가 실현되기 어렵다. 참된 우정이야말로 깨어진 관계를 회복하며, 무너진 마음을 세우며, 상처투성이 삶을 재건할 수 있다. 모든 형태의 폭력과 차별과 학대의 현장에서 하나님 나라를 구현하는 길은 바로 이러한 우정과 교제와 제자도의 공동체에서 가능하다. 예수 그리스도를 중심으로 하는 영성, 또한 그를 따르는 선교는 성육신적 관계형성의 선교로 구현된다. 우정은 일시적인 친절 행위가 아니다. 우정은 "존경과 연민과 겸손과 나눔과 줌과 받음"을 필요로 하는 하나님 나라에 토대를 둔 체계적인 실천행위이다. 특히 적대적이며 폭력과 전쟁의 상흔으로 얼룩진 무슬림이나 힌두교인들과 같은 타종교인들과의 만남과 선교는 우정과 교제와 제자도의 총체적인 실천으로 하나님 나라를 보여줄 수 있어야 한다. 이런 의미에서 다나 로버트는 인도 선교사요 말라바선교회(Malabar Mission Society) 창설자인 롤런드 밀러(Roland Miller)의 다음과 같은 말을 인용한다.

> 그리스도인들에게 무슬림의 친구로서 요구되는 것은 다름 아니라 그리스도인들 자신들에게 요구되는 것과 같은 것이다. 즉 그들이 하나님과의 깊은 우정을 온전히 자각하면서 이 세상 속에서 살며 이 세상을 떠나는 것이다. ... 우리는 하나님의 사랑에 반응한다. 그리고 온전히 사랑하라는 하나님의 부르심에 응답한다. ... 우리 자신에 대한 깊은 **인격적 사랑**(personal love)으로 응답한다. 그 사랑은 우리의 안전지대를 넘어서 확장한다. 두려움에 직면하는 우리 앞에 서 있는 사랑이다. 말하자면 하나님께 '**예**'(Yes)로 말

하는 것이다. "비록 나는 당신을 알지 못하지만, 비록 당신은 머나먼 거리에 있지만, 당신은 나의 친구라고 말하는 사랑이다. 그래서 나는 당신을 내 마음에 둡니다."

예수 그리스도가 보여준 우정과 교제와 제자도의 공동체는 하나님 나라를 지향하는 삼위일체 하나님의 선교에 동참하는 우리 모두가 따라야 할 건강하고 바른 선교적 공동체로 세상 속에서 구현되어야 한다. 자기 생명을 아낌없이 주신 예수님의 십자가를 중심으로 하는 선교는 그의 길을 따라 친구를 위해 목숨까지 버리는 성육신적 선교 실천으로 나아가야 한다.

우정선교의 방향

하나님과의 우정

하나님의 임재 안에 거하라

하나님이 원하시는 사랑은 진정한 친구로서 우정을 나누는 것이다. 친구는 서로 공동의 관심사를 나눈다. 상대방이 알고 있는 것을 알기를 원한다. 느낌에 민감하다. 다른 무엇보다도 서로에게 친밀하고 민감하다. 삼위일체 하나님도 이처럼 하나님의 백성들과 우정을 나누기를 원하신다. 다른 어떤 사역이나 물질이나 업적보다도 먼저 하나님과 친밀한 교제 속에 있기를 원하신다. 부활하신 예수님이 승천하시기 전 제자들에게 "아버지의 약속하신 것" 즉 성령을 기다리라고 하신 것은 사역이나 업적보다 먼저 성령의 임재를 받아야 한다는 것이다. 성령의 임재는 모든 교회와 그리스도인의 기본 토대다.

성경을 많이 읽고, 기도를 많이 하며, 전도를 열심히 하고, 사역에 많은 업적을 올리고 있다고 하더라도 성령의 임재와 무관할 수 있다. 그런 종교적 활동을 통해 나를 드러내고 나의 필요를 채우려고 하는 경향이 농후하기 때문이다. 하나님 그분 자체가 아니라, 내가 그분으로부터 뭔가를 얻으려고 하는 동기를 가졌다면 이것은 진정한 하나님의 임재가 아니다. 만약 선교사나 그리스도인이 사역 자체 때문에 짓눌려 있거나 과도한 부담을 느끼고 있다면 하나님의 임재를 먼저 회복해야 한다. 만사는 하나님의 임재와 행하심의 과정 그 자체를 민감하게 인식하고 느끼며 즐겨야 한다. 인간적인 열심과 열정, 사역의 가시적인 업적과 경험, 완벽하게 일을 처리하고 주도적으로 행동한다고 할지라도 하나님의 임재와 교통과 동행이 뒤로 밀려나면 그것은 인간의 일이 되고 만다. 하나님의 임재 없는 인간의 종교적 헌신과 사역은 많이 하면 할수록 갈등과 분쟁이 증대된다. 두려움과 완벽주의에 빠진다. 자유로움이 없다. 하나님의 영광을 위한다고 하면서도 친구가 아니라 종의 모습으로 사는 것이다. 아브라함은 비록 인간적인 약함과 소심함이 있었지만 하나님의 임재와 역사에 대한 순도 높은 믿음 안에서 평안과 기쁨을 누릴 수 있었다.

수많은 선교사가 목숨까지 바칠 정도의 강도 높은 열정과 헌신을 하였지만 정작 하나님과의 우정이 손상되고, 선교사 간의 우정은 망가지고, 심지어 부부 관계나 부자 관계마저 부러지거나 불통으로 고통 받고 있는 경우가 없지 않다. 이제 우리는 먼저 하나님과의 우정, 성부 성자 성령 하나님의 임재와 연합을 회복해야겠다. 땅 끝까지 이르러 내 증인이 되라는 주님의 지상위임령(the Great Commission)의 완수 이전에 먼저 해야 할 일이 바로 하나님의 임재 안에서 충만한 존재가 되는 것이다. 대위임령 수행 이전에 먼저 대 계명(the Great Commandment), 즉 마음과 뜻과 정성과 힘을 다해 하나님을 사랑하고 이웃을 사랑하라는 하나님의 명령을 순종해야 한다. "우리 심령 깊숙한 곳에서 생수의 강이 흘러넘치게 될 때 비로소 다른 사람들과 잃어버린 영혼들을 위한 사역을 시작할 준비기 된 것"이다. 최우선적이고 최고 중요한 것은 바로 하나님 사랑, 하나님과의 우정이다. 아브라함은 하나님의 임재 안에 쉼을 얻었다. 영적인 민감함이 있었다. 영적인 세계를 볼 수 있는 눈과 마음이 살아 있었다. 100세에 낳은 아들 이삭을 제물로 바쳐 제사를 드릴 정도로 철저히 하나님의 임재를 믿었다. 인간적인 논리로 이해할 수 없는 하나님의 행동에 하나님 한 분만으로 족하다는 믿음의 순종을 하였다.

성경은 하나님과 우리의 우정의 관계를 연인으로도 표현한다. 신랑과 신부의 관계는 지상의 인간관계에 가장 농도가 짙은 친밀한 관계일 것이다. 신랑 되신 주님과 신부인 교회 혹은 그리스도인의 관계를 정상적이고 친밀하며 가장 복된 관계가 유지되도록 하는 분이 성령 하나님이시다. 성령의 임재와 권능은 바로 우리가 하나님과 친밀한 관계를 유지하고 교제하도록 돕는 보혜사(Comforter, Counselor, Helper)이시다.

성령의 임재와 권능으로 우리는 하나님을 사랑하고 이웃을 사랑하는 하나님의 선교에 동참하게 된다. 하나님의 선교 과정에 하나님의 음성을 듣고, 하나님과 대화하며, 하나님의 말씀에 순종하는 일에 지속적으로 힘써야 한다.

두 종류의 사람

성경은 두 종류의 사람에 대해 자주 이야기한다. 특히 사도 바울은 로마서 8장에서 '육신을 따르는 자'와 '영을 따르는 자'로 구분한다. '육신을 따르는 자'는 육신의 생각에 잠기고, 하나님을 대적하며, 결국 사망에 이른다. 죄와 사망의 법에 사로잡혀 사는 사람이다. '영을 따르는 자'는 하나님의 영이 거하는 사람으로, 죄와 사망의 법에서 해방되었고, 생명과 평안을 누린다. '영을 따르는 자'는 십자가에 피 흘려 대속제물이 되신 예수님을 구세주로 영접하고, 성령의 임재와 권능 안에 사는 사람이다. '영을 따르는 사람'

은 하나님의 자녀로 존재한다. 자녀 됨의 가장 근본 토대는 부모와의 친밀한 관계에 있다. 부모 자식 간에는 소유 이전에 존재가 중요하고, 사역 이전에 인격이 소중하다. 로마서는 성령의 임재로 하나님의 자녀가 되는 특권을 이렇게 웅변적으로 표현한다.

> 성령이 친히 우리의 영과 더불어 우리가 하나님의 자녀인 것을 증언하시나니 자녀이면 또한 상속자 곧 하나님의 상속자요 그리스도와 함께 한 상속자니 우리가 그와 함께 영광을 받기 위하여 고난도 함께 받아야 할 것이니라(롬 8:16-17)

우리의 존재와 인격의 정체성은 바로 하나님의 자녀이다. 이것이 기독교의 진리요 신비이다. 그런데 하나님의 자녀가 되었지만 혼적인 사람과 영적인 사람으로 다시 나눌 수가 있다. 하나님의 자녀가 되었지만, 성령의 임재와 인도함을 받기보다 육신의 지배를 받는 혼적인 사람이 있다. 영화 '불의 전차'(Chariots of Fire)는 그리스도인 남매의 갈등을 이렇게 표현한다. 여동생은 중국 선교사로 가는 게 하나님의 뜻이라고 믿는 반면, 오빠는 선교사로의 부르심을 확신하지 않은 것은 아니지만 올림픽에 나가서 좋은 성과를 얻어 하나님께 영광을 돌리기를 원한다. 여동생은 오빠가 세속적인 성공에 빠져서 하나님을 소홀히 하고 있다는 두려움으로 오빠와 갈등을 일으킨다. 반면 오빠는 하나님이 주신 재능인 달리기를 함으로써 하나님을 기쁘시게 할 수 있음을 확신한다. 결국 오빠는 올림픽에서 극적인 경험을 하면서 우승의 면류관을 쓴다. 동생이 선교사로 가고, 오빠에게 선교사로 가야한다고 하는 것이 잘못된 것은 아니다. 그러나 종교적 관행이나 율법적인 요구에 따른 동기라면 바른 선교가 아니다. 하나님을 위한다는 동기를 내세우시면 정작 자기의 은밀한 숨겨진 동기를 따라 겉으로 거룩하게 보이는 처신을 할 때가 많다.

하나님의 뜻을 따르고 하나님의 일을 하며 하나님께 순종한다고 하면서 종교적인 관습에 빠지는 위험을 인식해야 한다. 오빠는 자신에게 재능을 주신 분이 하나님이시오, 그 분의 영광 위해서 주신 재능을 사용하는 것이 바르다는 것을 보여주었다. 은혜 받으면 다 신학교 가야하는 것이 아닌 것처럼, 신앙의 열정이 있다고 다 선교사로 가는 것은 아니다. 이제 선교를 국내와 해외로 나누는 지역적인 구분은 그리 큰 문제가 아니다. 선교적 교회론에 의하면, 모든 곳이 선교지요, 모든 교회는 바로 교회가 있는 그 지역에 보냄 받은 공동체라는 것이다. 타문화권에 가서 선교하는 선교사도 하나님의 선교에 동참하는 것이요, 국내 교회가 있는 바로 그 주변 지역에서 빛과 소금이 되는 것도 하나님의 선교에 참여하는 것이다. 문제는 지역이나 직업이나 사역의 종류보다 하나님과의 친밀한 교제 속에 우정을 나누는 존재와 인격을 갖추는 것이다. 다른 말로 하면, 성령의 임재와 권능 아래 존재하며, 주신 재능으로 하나님을 사랑하고 사람을 사랑하는 것이 중요하다는 것이다. '영을 따르는 사람'은 삼위일체 하나님과의 교제와 우정을 최우선 순위에 두는 하나님의 자녀이다. 부모에게 가장 고맙고 중요한 것은 자녀가 자녀로서 정체성을 가지고, 자존감을 가지고 살아가는 것이다.

친구 되신 하나님과의 우정, 지속, 동행

21세기 특징 가운데 하나는 글로벌 네트워킹이다. 전 세계가 하나의 네트워크 연결망 안에 연계되어 있다. 네트워킹은 상호 소통은 물론 상호 평등과 호혜성을 장려한다. 이러한 시대의 변화는 선교 이해를 바꾸어야 할 것을 요청한다. 선교 이해의 출발은 하나님 이해에서 시작한다. 하나님 이해는 더 이상 정복주의나 군수주의나 가부장주의의 틀에 의존해서는 안 된다. 새로운 은유적 대안이 필요하다. 그동안 하나님을 아버지, 왕, 승리자 등으로 표현했다. 이러한 은유가 더 이상 유효하지 않다는 의미는 아니다. 여전히 하나님 이해를 돕는다. 하지만 새로운 시대에 새로운 하나님 이해를 돕는 은유가 필요하다.

하나님에 대한 새로운 은유를 주장한 샐리 맥페이그(Sallie McFague)의 이야기를 나누려고 한다. 독일의 여성 신학자인 샐리는 이 세계에 관계하시는 하나님의 은유를 새롭게 탐구한 학자이다. 샐리는 세계를 하나님의 몸으로 본다. 그녀는 만물, 그 중에서 추방당한 자들과 아웃사이더를 포용하고 지탱하며 새롭게 하는 하나님 이해에 초점을 맞춘다. 그래서 그녀가 제기하는 은유는 포괄적이며 비위계적이다. 그녀는 하나님 인식의 은유를 세 가지 모델로 제시하는데 상당히 흥미롭다. 어머니, 연인, 친구다. 이러한 주장의 핵심 토대는 신학을 하는 범주가 주종관계나 고착이 아니라 상호관계와 변혁으로 바뀌었기 때문이라고 한다. "우리 시대의 신학 수행의 범주들은 실체, 불변성, 완전성이 아니라 관계성과 상호의존, 변화와 변혁이다."

샐리 맥페이그의 세 가지 하나님 모델에서 우정선교와 관련하는 세 번째 모델인 친구 모델을 좀 더 이야기하려고 한다. 그녀는 친구 하나님 모델을 질문에 대한 해설로 제시한다. 친구 하나님 모델과 관련된 세 가지 질문은 다음과 같다.

첫째, 친구 모델은 어떤 종류의 하나님 사랑을 보여주는가?

둘째, 이 사랑은 어떤 신적인 행위를 함축하는가?

셋째, 이러한 사랑은 이 세상 안의 실존에 대해 무엇을 말하는가?

이 질문들에 대한 답변이 친구 하나님에 대한 특성을 드러낸다. 그 답변은 필리아, 지속, 동행이다. 먼저 친구 모델이 보여주는 하나님의 사랑으로서 필리아(Philia)는 우정을 말한다. 그리스 언어에서 유래하는 사랑의 종류는 네 가지로 분류된다. 에로스(Eros), 스토르게(Storge), 필리아(Philia), 아가페(Agape)이다. 에로스는 성적인 사랑으로서, 쾌락을 추구하고 이기심으로 관계를 맺는 것이라면, 스토르게는 부모와 자식 간 혈육의 사랑이다. 필리아는 친구 간의 우정이고, 아가페는 신적인 사랑이다. 이 네 가지 사랑의 관계는 다음과 같은 말로 구분되고 이해된다. "인간은 '에로스'에 의해 태어나고 '스토르게'에 의해서 양육 받으며, '필리아'에 의해서 다듬어지고, '아가페'에 의해서 완성된다."

그런데 하나님에 대한 은유로서 필리아는 친구간의 우정의 극치를 드러낸다. 그 특성은 이끌림, 기쁨, 자유, 믿음, 친밀감, 존중 등이다. 샐리는 이 하나님의 사랑을 생태 위기와 핵전쟁의 위험 속에 사는 21세기 세계 시민들에게 공동의 관심사인 지구의 안녕과 평화에 초점을 둔다. 필리아 우정은 배타성과 개인주의의 한계를 넘어선다. 친구관계는 "성, 인종, 계급, 국적, 나이, 신조의 장벽을 넘어서서 어느 누구와도 친구가" 되는 특성을 지니며, 취향이 다름에도 이끌리고, "차이에도 나름의 즐거움"을 나눌 수 있다. 신적 사랑을 보여주는 친구관계는 핵전쟁과 생태 위기의 절망 속에서 희망의 우정이며, 세상의 치유와 해방과 변혁을 도모하는 치료제이다.

> 우리가 우리 자신에게 속하지 않는다고 말하는가 하면, 우리는 우리 자신에게 남겨지지 않는다고 말한다. 상호성, 헌신, 신뢰, 공동의 비전, 상호의존성을 강조하는 친구관

> 계는 소유를 부정하고 절망에 도전한다. 그것은 희망의 모델이다. 하나님은 우리와 함께 계시고, 우리의 친구이자 동료인 세상 안에서 내재하시며, 교회라고 불리는 친구들의 공동체, 즉 세상의 치유와 해방의 비전에 헌신하는 사람들의 모임 안에 계신다.

지구 멸망이라는 생태위기와 핵전쟁의 위협아래 친구 공동체 형성이 얼마나 중요한지를 충분히 이해할 수 있다.

하나님의 친구 모델은 어떤 신적 행위를 함축하는가? 이에 대한 답변은 한 마디로 임마누엘이다. 하나님이 우리와 지속적으로 함께 하는 임마누엘이다. 어떤 상황에서도 중단 없이 우리와 동행하시는 하나님의 행동이야말로 친구 모델의 중요한 메시지다. 친구 하나님이 이끄는 공동체는 식사 나눔의 교제(코이노니아)를 하고, 이방인도 친구로서 환대하는 공동체다. "그 공동체는 기쁨으로 충만한 공동체이고, 그것의 결속은 신적 현존과 함께, 그 현존 안에 있으며, 그것의 사귐은 타자들, 아웃사이더들에게 확대되는데 이것은 생필품을 공유하는 일이다." 전 세계의 모든 인종과 종족과 나라 사람들이 한 하나님의 식탁에 초대받고 함께 성만찬을 나누는 친구가 된다면 이보다 더 큰 축복이 없을 것이다. 교회 안에서의 예전으로 성만찬이 중요한 만큼 교회는 세상의 성만찬적인 표지가 되어야 한다. 바로 이러한 성만찬적인 세계 공동체 형성이 바로 우정선교에 중요한 요소이다. 친구로 다가오시는 하나님은 우리 모두가 서로 우정 공동체가 되기를 원하신다. 여기에 우정선교의 시급성과 중요성이 확인된다.

친구 하나님의 사랑이 세상에서의 실존에 대해 가지는 윤리적 의미는 동행(companionship)이다. 이러한 동행은 타자에 대한 두려움을 극복하고 타자를 보살피는 것이다. 동행은 포용성과 포괄성을 특징으로 한다. 동행은 "변호와 파트너십을 포함한 다양한 우호적인 교제를 포괄하는" 것이다. 이와 같이 친구 관계는 의존성이나 독립성이 아니라 상호의존성을 바탕으로 한다. 동행은 "모든 생명의 호혜성, 상호적인 주고받음(give-and-take)을" 실현하여 세상을 먹이고 치유하고 변혁한다. 친구 되신 하나님은 우리와 자유롭게, 기쁨에 겨워, 영속적으로 우정을 나누며, 지속적으로 함께 하신다. 이것이 우리의 희망이며, 우리가 구현해야 할 친구 하나님 모델의 특징이다.

하나님이 아브라함과 모세를 친구로 칭하신 것은 필리아, 지속, 동행의 사랑에 토대를 둔다. 하나님의 주체적인 사랑의 행위이다. 한편, 왜 굳이 아브라함과 모세인가? 라는 질문에 대해서는 인간 편의 응답이 기대됨을 생각할 수 있다. 이들은 인간적인 한계와 연약함에도 불구하고 전심으로 하나님께 마음을 열고 하나님을 찾고 하나님께 도움을 구하였다. 그 때 하나님은 그들을 친구처럼 만나주셨다. 모세는 회막에서 하나님의 임재를 내번했다. 하나님께서 모세를 가리켜서 필리아의 사랑, 즉 벗이라고 한 것은 하나님과 모세가 존재론적 동등성을 가졌다는 말이 아니라 하나님과 모세의 친밀성과 동행과 지속을 표현한 것이다. 하나님은 "내가 하려는 것을 아브라함에게 숨기겠느냐"(창 18:17)라고 말씀하실 정도로 아브라함과 친밀한 우정을 나타내셨다. 그리하여 아브라함에게 하나님의 비밀과 언약을 주셨다. 장차 아브라함의 자손이 축복받을 것과 소돔과 고모라가 멸망할 것을 알려주신 것이다(창 18:19-21). 창세기 33장 12-17절과 33장 18절부터 34장 9절까지의 내용으로 미루어 하나님과의 벗이라 함은 하나님의 현현이라기보다는 하나님과의 친밀한 관계성과 동행과 지속을 표현한다고 본다.

예수님이 십자가에 죽으시고 지성소의 휘장은 찢겨져 내렸다. 그로 인해 우리 모두는 예수 그리스도의 보혈의 피로 의롭다함을 입고 성령의 임재로 말미암아 하나님과 친밀한 우정을 나눌 수 있다. 우리 안에 계신 예수 그리스도로 말미암아 우리 몸이 성소가 되어 하나님과의 친밀하고 동행하며 지속하는 임마누엘의 관계, 즉 우정의 관계를 이어갈 수 있다(엡 3:16-17). 하나님은 우리와 함께 하시고 우리 안에 내주하심으로 지속하고 동행하신다. 예수 그리스도의 피로 맺어진 하나님과의 우정은 하나님 편의 선재적인 자비와 긍휼로 가능하고, 또한 영원히 임마누엘(마 28:20)

하리라는 부활하신 주님의 약속에 기초한다.

하나님은 결코 자기의 벗을 버리거나 포기하지 않으신다. 하나님의 벗은 영원한 벗이다. “사람이 친구를 위하여 자기 목숨을 버리면 이보다 더 큰 사랑이 없나니”(요 15:13) 이 말씀처럼 하나님은 “세상을 이처럼 사랑하사” 독생자 예수를 십자가에 못 박히기까지 우리를 벗으로 삼으시고 사랑하신다. “너희는 내가 명하는 대로 행하면 곧 나의 친구라 ... 너희를 친구라 하였노니 내가 내 아버지께 들은 것을 다 너희에게 알게 하였음이라”(요 15:14-15). 모세를 벗이라 하며 부여했던 특권보다 더 큰 복을 우리에게 주셨다. 영원히 죄로 말미암아 죽을 수밖에 없는 우리를 친구로 삼으신 그 은혜는 하나님의 선교의 동기요 힘이다. 대속 제물로 죽으신 예수님의 사랑으로 우리는 하나님과 벗이 되어 친밀한 우정을 나누게 된다. 하나님은 “우리와 깊고 더 친밀한 관계를 맺기 원하신다. 필리아의 사랑으로 다가오시며, 지속하고 동행하는 친구 되신 하나님은 성경에서 말하는 그의 음성을 우리가 듣기를 원하신다. 하나님은 우리가 그의 약속을 굳게 믿고, 은혜에 의존하며, 성령에 따라 살기를 원하신다. 그리고 하나님은 우리가 그에게 아뢰고 기도를 통해 그와 더 친밀한 관계 속에서 성장하기를 원하신다."

친구 되신 하나님은 우리가 연약하고 믿음이 부족하고 세상의 친구가 되는 데 소극적이며 절망에 빠지지 않도록 기도하게 하신다. 친구관계에서 기도가 필요한 것은 친구 되신 하나님에게 우리의 친구를 하나님께 의탁하는 것이기에 필수적이다.

하나님과의 우정선교 사례

몽골에서 사역하는 정홍재 선교사는 하나님과의 친밀한 우정을 나누는 일에 매우 열정적으로 꾸준히 힘쓰고 있다. 몽골에서 암과 싸워 이기며 행복한 선교사의 길을 가고 있는 정홍재 선교사의 하나님과의 우정선교 사례를 소개한다. 글 제목은 "고비 고비 아비지 하나님과 손 붙잡고 떠나는 행복한 여행"이다. 아래 글은 그의 글 전문이다.

우리말에 "한 고비 넘었다", "고비 고비마다"라는 말이 있다. 나는 오늘 고비 사막처럼 모래가 많은 엘승 타스르헤로 가고 있다. 모래산이 풍기는 모양새를 보면 처음에는 와우, 그 다음은 '야나'(어쩌나의 몽골말), 그 다음은 체념과 함께 하늘을 바라보게 된다. 선교지에서 살아가면서 고비 고비마다 친구처럼 다가오신 하나님을 함께 나누고 싶다.

노랑 꽃 가라사대....

1998년 나는 1년간 몽골 1기 견습 선교사로 살았다. 늘 끝없는 큰 평원과 잔디를 꿈꾸어온 나에게 꿈이 현실이 되는 순간이었다. '꿈꾸면 이루어진다'라는 말이 있다. 정말 꿈꾸는 대로 하나님은 이루어 주셨다. 환경은 열악했지만 몽골만이 주는 묘한 매력이 있다. 그 해 여름 울란바타르 칼리지 총장 윤순재 선교사 가정과 함께 여름휴가를 간 적이 있다. 끝없이 펼쳐진 초원에 수없이 많은 야생화들이 피어 있었다. 물이 부족해서 이슬만 먹고 자라서 키는 크게 자라진 않았지만 작고 귀여운 노란 꽃이었다. 점심을 라면으로 맛있게 먹은 나는 초원을 거닐면서 산책을 하고 있었다. 그러다가 초원의 작은 꽃과 대화를 시작했다. "야이 작은 꽃아 너는 영광인줄 알아라. 내가 한국에서 와서 10시간 차를 타고 와서 너를 이렇게 바라봐주니 말이야."

그런데 그때 그 샛노란 노란 꽃이 이렇게 말했다.

"나는 당신이 바라봐주던 안 바라봐주던 상관이 없어요. 하나님이 나를 여기 심어 주셨고 나는 여기 심겨졌고, 저 하늘을 향해 영광을 돌리다가, 하나님이 오너라 하시면 나는 갈 거예요."

정말 충격적인 말이었다.

하나님 아버지는 초원에 작은 꽃을 통해 친구처럼 다가오셨고, 나를 하나님의 선교에 동참하도록 문을 열어주셨다.

친밀

2년간 몽골어를 배우면서 넥뚜게르교회 청년들을 섬길 때였다. 여름이 되면 몽골인들은 시골로 여행을 한 달씩 떠난다. 나는 몽골 청년들을 데리고 아르항가이 체체를렉으로 전도여행을 떠났다. 집회를 잘 마치고 차강노오르란 호수로 여행을 떠났다. 호수는 참 맑았고 19명의 대원들은 캠프파이어를 하면서 기도회가 열렸다. 하나님께 방언의 은사를 구하면서 기도를 하였는데 거의 모든 형제자매들이 성령의 말하게 하심으로 기도하기 시작했다. 그러나 꼭 변화되길 원했던 한 청년만 은사를 체험하지 못하고 있었다. 너무 안타까워서 하나님께 간절히 기도했다. 하나님 이 아이가 변해야해요.. 이 형제에게 은사를 체험하게 해주세요. 제발...

결국 새벽 3시까지 그를 붙들고 기도했지만 그에게는 은사가 임하지 않았고 그는 자기 텐트로 들어가 버렸다.

닭 쫓던 개 지붕 쳐다보는 격이었다. 모닥불은 꺼지고 추위와 허탈감이 밀려왔다. 나무는 동이 났고 짜증과 고통, 하나님을 향한 불평이 시작되었다. 그렇게 2시간을 하나님과 씨름하면서 지나는데 비몽사몽 중에 한마디 소리에 깼다. 그것은 엘리야가 호렙산에서 들었던 것처럼 세미한 소리였지만 지금까지도 생생한 소리였다.

"친밀"

이 짧은 말 안에는 많은 의미가 있었다.

하나님은 나의 사역의 노구가 아니시며 하나님은 알라딘 램프의 지니가 아니셨다. 하나님은 그 어떤 누구의 변화보다 나와 친밀함을 누리고 싶어 하신다는 뜻임이 깨달아졌다. 그 새벽에 만난 친밀하신 하나님은 위암에 걸려 낙심 가운데서도 날 찾아와주셨고, 항암치료의 무서운 고통 속에서도 날 지지해 주셨다. 그 몸으로 선교지에 다시 돌아가면 죽는다고 했던 의사의 위협 속에서도 하나님은 나의 친구 되시어 11년 째 나와 동행해주고 계신다.

난 오늘 대구에서 온 단기 선교팀 청년들과 함께 초원을 달리며 이 글을 쓰고 있다. 초원의 작은 꽃이 나에게 말을 건네는 것 같다. 친구이신 하늘 아버지와 친밀한 하루가 되라고 말이다.

선교사 간의 우정

누가복음 12장 4절과 요한복음 15장 13-15절에서 예수님이 제자들을 친구라 호칭한 것은 비단 예수님과 제자들의 관계성만 아니라 제자공동체 내에서 신자들 상호간의 관계성도 지칭한 말로 보아야 한다. 단, 이러한 호칭은 제자들이나 신자들이 부여한 호칭이 아니라 예수님이 제자공동체에 주신 명칭임을 잊지 말아야 한다. 삼위일체 하나님과의 벗된 관계성에서 구원이 성취되며, 그 안에서 호흡하며 일하고 살고 죽는 교회 내에서 신자들 상호간에 우정은 의무요 특권이다. 중요한 것은 교회 공동체에 속한 사람들은 누구나가 서로 친구 됨을 인정하는 것이다.

신자들 상호간의 우정은 서로 간의 친밀한 관계 형성은 물론이고 서로 동등하며 서로 사랑해야 하는 의무를 지닌다. 하나님의 친구로서 우리 모두는, 특히 선교사 상호간에 신임이든 고참이든 위계질서는 개입할 수 없다. 친구지간에 상하가 있다면 그것은 우정이 아니다. 그리스도의 몸이요 하나님의 백성 공동체인 교회 안에도 상하나 서열이나 위계가 있을 수가 없다. 예수님이 제자들과 우리들을 친구라 부르신 것은 새로운 공동체를 개시하는 혁명적인 말씀이요, 하나님 나라의 새로운 지평을 연 것으로 볼 수 있다. 이러한 새로운 공동체 정신과 형제자매 및 우정에 따라 교회는 하나가 되고 하나님의 선교에 일치하고 협력하여 참여하게 된다.

요한복음의 수신자인 요한공동체와 달리 당시에도 유대교적인 기독교인들에게는 예수님이 친구라고 부른 것을 수용하지 않은 것 같다. 요한복음 8장 31절과 36절에서 예수님은 유대적 기독교 집단에 대해 참 제자 됨에 대해 이야기하고 있는 것으로 보아 알 수 있다. 서로 사랑하라는 새

계명은 당시 종이나 자유인이나 누구에게나 해당되는 말씀이었다.

선교사로 부르신 주님이 우리들 모두가 주님의 친구이자, 우리 상호간에 서로 우정을 나누는 벗이라 하였으니 우리 사이에 상하 서열이나 지배와 예속은 존재할 자리가 없다. 우리가 예수님을 선택한 것이 아니라 예수님이 우리를 선택하시고 보내시고 열매 맺게 하셨으니 우리는 예수님의 제자로서 참된 우정 공동체를 이루어야 한다(요 3:15).

요한복음에서 사랑과 우정은 거의 동의어로 사용된다. 따라서 요한복음 15장 13절 "사람이 친구를 위하여 자기 목숨을 버리면 이보다 더 큰 사랑이 없나니"를 "사람이 자기가 사랑하는 자들을 위하여 자기 목숨을 버리면 이보다 더 큰 사랑이 없나니"로 번역할 수 있다. 따라서 예수님의 제자들은 예수님 사랑은 물론이고 제자들 상호간에 사랑해야 하는데, 그 기준은 예수님이 보여주신 것처럼 목숨까지 바치면서 사랑하라는 것이다.

켈트 교회를 시초로 중세에 지속적으로 전해지는 그리

스도인들의 아남카라(anamchara), 즉 "영혼 친구"(soul friend)는 하나님의 선교에 동참하는 모든 글로벌 기독교인들의 우정선교에 시사하는 바가 크다. 특히 타문화권이라는 선교 일선에서 복음 전하는 선교사들의 자기이해에 주는 의미가 크다고 본다. 시련과 고통, 두려움과 염려와 함께 꿈과 비전, 즐거움과 기쁨을 함께 나눌 수 있는 영혼 친구로서 선교사의 정체성은 친구 하나님 이미지가 주는 커다란 선물이다. 하나님의 선교에 참여하는 모든 선교사들 사이에 성, 인종, 문화, 신분, 재산, 학력 등 그 어떤 세상적인 가치나 전통이 선교를 방해할 수 없다. 남녀의 차별이 없는 그리스도 안에서의 영혼 친구는 오늘날 우리가 새롭게 평가해야 할 가치요 신학이다. 스승과 제자, 동료, 남녀 사이에 영혼 친구가 얼마나 중요한 영적 순례의 동반자이며, 하나님의 선교에 얼마나 소중한 관계인지 새삼 느끼게 된다. 중세 어두운 시절에 찬란한 햇빛으로 간주되는 켈트 교회의 가장 큰 특징은 영혼 친구들의 세상을 향한 선교라고 할 것이다. 당시 일반적인 기독교 문화가 여성을 차별

하며 지도력에서 배재한 것과 달리 영혼 친구에는 남녀 차별이 없었다. 영혼 친구는 시대의 한계와 문화의 약점을 뛰어넘는 데서 진정한 하나님의 선교에 참여자가 됨을 알 수 있다. 비록 세상 문화는 무자격자, 약자, 아웃사이더, 모자라는 사람이라는 낙인을 찍더라도 하나님의 선교에 영혼 친구에는 배제할 수 없음을 보여준다.

선교사 간의
우정선교 사례

선교 역사를 보거나 한국교회 선교 역사를 살펴볼 때 우정선교의 모범적인 사례는 적지 않다. 특히 한국 최초의 타문화권 선교인 장로교 총회 설립 이후 중국 산동성에 선교사를 파송할 때는 약간의 시차가 있었지만 세 가정씩 파송하여 우정선교를 시도한 아름다운 역사를 잊을 수가 없다. 오늘날의 선교 현장에서 많은 우정선교의 아름다운 이야기를 찾을 수 있겠지만 필자가 직접 현장을 방문하고 본 바와 여러 면에서 선교사 간의 우정선교에 좋은 모델을 보여주고 있는 인도네시아 수마트라선교회의 이규대 선교사를 소개하려고 한다. 아래 글은 이규대 선교사의 선교사

간의 우정선교에 대한 신학적 확신과 실천 사례이다.

예수님은 함께 사역하던 제자들을 내 친구(눅 12:4, 요 15:15)라 부르시며 '서로 사랑하라', '서로 하나가 되라'고 강조하시면서 우정을 강조하셨다. 선교는 지상의 명령이나 과제이기 이전에 선교는 사랑과 우정으로 하는 것이다. 선교는 각자 선교사가 단독으로 수행하는 솔로가 아니라 하나님과, 선교사간에, 현지교단과 함께하는 오케스트라다.

선교사는 외로워하며 일평생 친구와 가족들과 멀리 떨어져 살며 언제나 그들을 그리워하며 지내야 하는 운명을 가진 사람들이다. 그러기에 선교사에게 우정은 가장 소중하고 필요한 존재다. 선교사들이 우정 속에서 서로 사랑하고 협력하며 나누고 더불어 배우며 살아가는 것보다 더 중요한 것은 없을 것이다.

내가 사역하는 인도네시아 수마트라섬은 세계에서 여섯 번째로 큰 섬이다. 수마트라 남북의 길이는 1,790km나 되며, 면적은 남한의 약 5배가 된다. 수마트라선교회 회원들은 이렇게 광활한 지역에서 멀리 떨어져 사역하고 있다. 그러하기에 우리 선교회 선교사들은 항상 서로를 그리워하며 전체 회원들이 모이는 때면 특별한 사정이 있는 회원들을 제외하고 모두 비싼 비행기 삯을 내며서도 모이기에 힘쓴다. 연 초에 있는 가족 수련회는 아이들도 함께 참석한다. 가족 인원이 많은 가정이 부담이 되지 않도록 비용은 함께 나누어 부담한다. 아이들도 자주 모이기에 서로 친숙하며 좋은 친구가 된다. 우선 모이면 즐겁게 잘 논다. 선교사는 서로 간의 우정과 신뢰가 쌓여야만 사역할 때도 갈등과 다툼을 예방할 수 있기 때문이다. 행정 처리는 짧게 우정 쌓기는 길게 한다. 함께 웃고 맛있는 것을 먹으면서 즐거운 대화 속에서 선교사들은 서로 친구가 되고 진정한 가족이 된다. 평소에는 선교회 가족 카톡방에서 항상 기도제목과 가정 소식을 나누며 서로 위로하고 의지하며 살고 있다.

선교사는 혼자 있는 경우가 많고, 좋은 세미나나 강의 등 자기개발과 발전을 위한 기회나 자극이 많지 않다. 수마트라선교회는 인도네시아 선교 포럼을 두 번을 열었다.

인니선교 50주년을 앞두고 2019년부터 2021년까지 인도네시아 통합측 선교사 전체를 대상으로 선교포럼을 열 예정이다. 학술 연구 논문을 발표하고 토의하며 인도네시아 선교를 진지하게 고민하고 자료화하려고 한다. 뿐만 아니라 우정을 다지기 위해서 테니스, 탁구, 배드민턴 등 운동 및 교제 시간은 학술논문 발표 시간의 2배가 되는 것은 필수다.

한국 선교는 타문화선교 현장에서 재정적으로나 사역면에서 진정한 팀을 이루어서 사역하는 우정선교가 절실히 요청되고 있다. 선교사 간의 관계는 상하관계를 바탕으로 하는 한국의 담임목사와 부목사의 리더십이나, 후배가 선배 선교사의 액세서리로 전락하는 선교구조가 아니라 선교사들이 예수님 안에서의 우정을 바탕으로 협력하는 팀 선교 모델이 필요하다. 모든 선교 재정을 창구일원화하고 사역은 은사와 재능 그리고 선교지의 필요에 따라 민주적으로 나누어서 감당하는 선교구조가 요청된다. 이러한 선교는 서로가 동반자적 협력과 우정을 바탕으로 진행되는 선교다. 필자는 세 선교사 가정이 한 팀이 되어 선교사역을 하고 있다. 선교지에서 함께 팀 사역을 하는 선교사끼리 서로 의지가 되고 위로가 되며 기쁨과 슬픔을 함께 나눌 수 있어서 행복하다.

21세기 선교는 선교사 주도형 선교가 아니라 현지 교회와의 협력과 우정을 바탕으로 겸손하게 선교하는 동반자 선교 시대다. 수마트라선교회는 현지교단과의 에큐메니칼 협력을 바탕으로 선교하고 있다. 수마트라섬의 미전도 종족인 아낙달람 종족과 딸랑마막 종족 선교를 현지교단인 인도네시아 개신교 그리스도교회(GKPI)와 예수 그리스도교회(GKY) 그리고 여러 교단들과 함께 동역하면서 인도네시아 교회가 재정적 지원과 목회 행정적인 책임을 지고, 선교사들은 현지교단의 선교동역화 역할을 감당하고 있다. 처음부터 인도네시아 선교는 현지교단이 책임지고 재정적 책임까지 감당할 수 있도록 선교구조를 만들어가고 있다. 현지교단은 한국 우리 교단과 노회를 방문하고 우정을 쌓아가면서 서로를 신뢰하고 협력하고 있으며, 선교회 회원

모두는 현지 교단이 비자 스폰서가 되어서 어려움 없이 선교사 체류허가를 받아서 사역하고 있다.

현지인과의 우정

하나님과의 우정과 선교사 간의 우정은 당연히 현지인과의 우정을 지시한다. 글로벌 기독교 선교는 예수님의 모범을 따라 타문화권에 우정선교를 실천해야 한다. 예수님의 보냄 받은 자로서의 자기 이해와 정체성은 보냄 받아 선교하는 선교사들의 자기 이해와 정체성의 근거가 된다. 삼위일체 하나님의 선교에 참여하는 선교로서의 우리의 선교는 현지인과의 참된 사랑과 우정에 대단한 열정으로 헌신을 해야 한다. 삼위일체 하나님의 선교는 요한복음의 선교관의 핵심이다. "아버지는 아들을 보냈으며, 이제 아들은 제자들을 보내는데, 아들은 제자들에게 성령을 주어 보낸다. 예수의 제자들은 예수의 가르침을 따름으로 예수 및 예수의 사랑 안에 거할 때, 서로 사랑하며 일치된 목적을 가질 때 선교 사명을 띠고 세상에 보냄 받는다." 진정한 사랑의 관계성을 형성할 때 하나님의 선교에 동참하게 됨을 일깨워준다. "요한복음은 세상에 대한 공동체 내부적인(...) 사랑과 선교를 강조함으로 한편으로는 예수의 제자 공동체에 대해 다른 한편으로는 예수를 믿지 않은 자들에 대해" 용기와 자발성을 가지고 자기에게 불이익이 오더라도 선교를 실천할 것을 요청한다.

'우정'을 통한 선교 혹은 교우관계를 통한 우정선교의 모범을 보여 준 마태오 리치의 사례는 오늘날 우리에게 시사하는 바가 크다고 본다. 그의 교우론의 근본은 중국인들의 관계성과 우정의 중요성 때문만이 아니라 배제가 아니라 포용을 지향하는 성경적 가치관과 예수님의 성품과 말씀에서 유래한다고 할 수 있다. 그는 우정선교를 통해 중국인들의 전통적이며 관습적인 사회관계의 범주를 뛰어넘어 폭넓은 관계의 망을 확장하였다. 그가 보여준 복음의 포용력은 열린 마음과 수용적인 환대로 실천되었으며, '우정의 순교자'로 일생을 마침으로 오늘날 우리들에게 주는 의미가 크다.

1910년 에딘버러선교사대회에서 예언자적 목소리를 냈던 아자리아(V. S. Azariah)의 절규에 100년이 지난 오늘날 글로벌 교회와 선교가 주의 깊게 귀를 기울여야 한다. "여러분들은 가난한 사람들에게 물질을 주었으며, 여러분들의 몸을 불사르게 내어주었다. 우리는 또한 사랑을 원한다. 우리에게 친구를 주시오!" 글로벌 선교 시대에 새롭게 요청되는 우정은 타문화권 선교 이야기에 엑기스이다. 우정은 선교사와 교회 성도들의 영성을 높이는 기회를 제공한다. 그리고 우정은 선교 실천적인 차원에서 문화 간의 다리를 놓는다. 우정선교는 "목소리를 상실한 사람들에게 그들의 소리를 내게 하는" 선교와 성육신적 선교 실천을 가능하게 한다. 아울러 글로벌 우정은 하나님의 선교에 참여하는 모든 지체들의 변혁을 이루는 길이 된다. 이것은 상호 평등한 관계 속에서 상호간의 변혁을 이루는 길을 말한다. 이 얼마나 놀라운 일인가! 우정을 통해 서로가 더 나은 사람이 된다는 것은 하나님의 선교에 중요한 요소이다.

드에인 엘머(Duane H. Elmer)는 『문화의 벽을 넘어 현지인과 친구되라』는 책에서 타문화권 사람들과 친구가 되는 여섯 가지 태도를 제시한다. 그 태도란 타인을 그대로 받아들이는 **열린 마음**, 타문화권 현지인의 인격과 문화를 존중하는 마음을 표현하는 **용납**, 관계 속에서 믿음을 구축하는 **신뢰**, 자신을 변화시킬 정보를 수집하고, 성경적 기초를 바탕으로 타인을 알아가는 **학습**, 타인의 눈으로 바라보는 훈련을 하는 **이해**, 그리스도에게 대하듯 타인을 대하는 **섬김**이라고 한다. 이러한 성품과 태도로 타문화권 현지인과 친구가 되어 우정이 깊어지면 결국 복음으로 변화된 현지인이 하나님의 친구가 되어 세상의 빛과 소금이 되는 선교의 재생산이 이루어질 것이다. 이것은 성령의 인도하심 가운데 일어나는 선교의 신비이다.

현지인과 우정을 통한
선교 사례 1

러시아 볼고그라드에서 사역하는 연성숙 선교사의 현지인과의 우정을 통한 선교사례를 소개한다. 이 글은 2019년 6월에 열렸던 제1회 유라시아선교대회에 제출되어 우수한 사례로 뽑힌 것이다. 글 제목은 "고려인 조 발랴와의 우정선교"이다. 아래는 선교사의 글 전문이다.

처음 그녀를 만났을 때 그녀는 화장도 하지 않고 슬픔에 잠긴 얼굴을 하고 있었다. 머리는 염색도 하지 않고 다니고 있었다. 차차 발랴는 2년 전에 아들이 갑자기 심장마비로 세상을 떠났다는 것을 알게 되었다. 그녀는 생의 모든 소망을 잃고 죽지 못해서 살아가고 있었다.

발랴를 처음 만난 것은 문화센터 "세상의 빛"에서 고려인어린이여름캠프를 진행하고 있을 때였다. 해마다 8월에 새문안교회 청년들이 단기선교를 올 때 단기선교 사역으로 문화센터 주변에 살고 있는 믿지 않는 어린이 40명을 초대하여 어린이 캠프를 진행하고 있다. 이 캠프는 믿지 않는 어린이들을 초대하는 것이기 때문에 종교적인 색체는 거의 띠지 않고 재미있고 즐겁게 진행한다. 이러한 프로그램을 통해서 믿지 않는 고려인어린이들과 부모들을 만나고 교제하게 된다. 발랴는 플로라의 동생이다. 플로라는 발랴의 손자인 아르뚤에게 이 캠프를 소개하고 참석하도록 안내를 했다. 발랴는 매일 손자인 아르뚤을 여름캠프에 참석시키기 위해서 차로 데려다 주었다. 그리고 무엇인가 마음이 안 놓이는 듯이 아이들 캠프를 진행하는 동안에도 종종 뒤에 앉아있었다. 아르뚤은 늘 모자를 쓰고 다녔다. 나중에 알고 보니 원인을 알 수 없이 머리털과 눈썹 등이 빠져서 모자를 쓰고 다니는 것이었다. 4일간의 여름캠프가 끝나고 아르뚤은 교회 어린이성경공부 시간에 참석을 하기 시작했다. 자연스럽게 발랴도 아르뚤을 데리고 와서 예배와 고려인 성경공부에 참석했다.

발랴는 늘 슬픔에 젖어있었다. 얼굴에 화장도 하지 않았고 머리도 대충 헝클어진 상태로 다니고 있었다. 나는 그녀에게 복음이 절실히 필요하다는 것을 느꼈다. 그래서 그녀와 상담을 시작해야겠다는 생각을 하고 기도를 시작했다. 그리고 발랴와 교제를 시작하였다. 같이 만나서 식사를 하고 대화를 나누었다. 대화를 하면서 그녀는 어렵게 자신의 이야기를 털어놓기 시작했다.

발랴의 남편은 매우 좋은 사람이었다. 그녀의 남편은 중풍으로 쓰러져서 7년간 고생을 하다가 죽었다. 그녀의 아들은 남편이 중풍으로 고생하는 동안 아버지의 병수발을 다 들었다고 했다. 남편이 죽은 후에 아들은 발랴를 자상하게 돌보며 살고 있었다. 그런데 아들이 그 이듬해에 갑자기 아무도 없는 집에서 심장마비로 죽었다. 남편을 잃고 슬픔 가운데 있을 때 늘 살갑게 대해주던 아들 때문에 위로를 받고 살았는데 아들도 갑자기 죽은 것이다. 그녀는 거의 매일 아들의 무덤에 가서 울며 죽고 싶다고 하소연을 하고 있었다. 그녀는 살아있으나 산 것이 아니고 죽는 것보다 더 못한 삶을 살고 있다고 고백을 하였다. 나는 그녀의 말을 듣고 아무 말도 할 수가 없었다. 그냥 그녀를 붙잡고 같이 울었다...

나는 몇 년간 한국에 나가서 공부했던 상담 자료를 가지고 그녀와 대화를 시작하였다. 상담을 진행하면서 성령님께서 그녀를 만지기 시작하는 것을 눈으로 목격할 수 있었다. 그녀는 하나님께서 주시는 위로로 차츰 회복되기 시작했다. 차츰 상담의 깊이와 만남을 더해가며 나는 커다란 벽에 부딪쳤다. 그녀는 아들이 믿지 않고 죽었기 때문에 지옥에 갈 것이라는 고민에 빠졌다. 자기가 믿으면 자기만 천국에 간다는 것을 알고 아들이 없는 천국은 갈 수 없다는 것이었다. 자신은 아들이 지옥에 있다면 자기도 지옥에 가고 싶다는 것이었다... 자신의 생명보다 자녀의 생명을 더 소중하게 생각하는 어미의 마음이 전해졌다. 나는 그녀를 붙잡고 또 같이 울었다. 그녀와 상담은 대부분 눈물로 끝났다.

눈물의 상담이 힘겨웠지만 성령께서 인도해 주셨다. 상담이 더해가며 그녀는 아들을 떠나보내 주기로 결심을 하였다. 그녀는 아들의 생일날에 혼자 아들 무덤에 가서 울며 이제는 특별한 날 외에는 이곳에 오지 않겠다고 아들과 약속을 하고 왔다. 아들은 정교회에서 세례를 받았으니 하나님께서 천국으로 인도하실 것이라고 믿어진다고 했다. 그리고 아들이 자기에게 가장 원하는 삶은 이런 삶이 아니라 자신이 밝고 환하게 살아가는 것이라는 깨달았다고 했다. 그녀는 얼굴에 화장을 하기 시작하고 머리에 염색을 하고 자신을 가꾸기 시작했다. 발랴의 얼굴에 어둠이 떠나가고 웃음이 찾아왔다. 나는 한 사람의 생명이 죽음의 그늘에서 새롭게 태어나 생명을 얻는 것을 눈으로 목격할 수 있었다. 손자 아르뚤에게도 기적이 일어났다. 아르뚤의 머리와 눈썹이 나기 시작했다.

발랴는 학교 교사였던 아버지의 뒤를 이어서 학교 교

사로 일을 했다. 지금은 애완동물용품을 파는 가게를 두 개 운영하고 있다. 발랴는 매사에 바르고 정확한 것을 좋아한다. 그런데 기독교는 너무 신비가 많다고 말한다. 어떤 사람에게는 어느 날 하나님께서 직접 나타나셔서 쉽게 믿게 하는데 왜 자신에게는 나타나 주시지 않느냐고 묻는다. 하나님은 각 사람에게 맞게 만나주시는데 발랴는 똑똑해서 예수님의 못 자국에 손을 넣어서 믿게 하신 도마처럼 만나 주실 것이라고 대답하곤 한다. 발랴가 예수님의 말씀처럼 보지 않고도 믿는 복된 사람이 될 수 있기를 기도한다 (요 20:29).

현지인과 우정을 통한 선교 사례 2

위의 사례를 쓴 연성숙 선교사의 남편 되는 정균오 선교사의 사례도 소개한다. 제목은 "고려인 니나와 우정선교"이다. 정균오 선교사는 철저하게 하나님의 선교를 실천하는 모범적인 선교사다. 현지교회와를 섬기며 협력하는 우정선교의 대표적인 사역자라고 할 수 있다. 아래 글은 현지인과의 친구가 되는 것이 얼마나 중요하며, 선교는 사람을 대상화하여 자기의 종교적인 목적을 성취하는 것이 아니다. 참된 하나님의 선교, 즉 우정선교는 사람의 생명을 살리며 믿음 소망 사랑 가운데 하나님을 예배하는 사람으로 변화시키는 것이다. 아래 글은 정균오 선교사의 글

전문이다.

빠스또르 스마뜨리쩨 나 메냐!(Постор, посмотрите на меня. / 목사님 나 좀 보세요.) 70살인 니니가 트램풀린에서 어린이처럼 껑충 껑충 뛰고 있다. 니나 니꼴라예브나는 70살이지만 18살 먹은 소녀와 같이 밝고 활발하게 살아간다. 니나는 해마다 고려인어린이 여름캠프를 총괄해서 진행하고 있다. 나이가 무색할 정도로 교사와 아이들과 함께 뛰며 즐긴다. 니나는 30년 동안 국립학교에서 러시아어와 러시아 문학을 가르쳤던 교사였다. 그래서인지 늘 대학생들과 아이들을 좋아하고 아이들을 위한 사역에 적극적으로 임했다. 그녀는 전도사 이상으로 열심히 고려인어린이 여름캠프사역을 하고 있다. 니나는 나의 선교사역에서 빼 놓을 수 없는 소중한 사람이다.

니나의 남편 장례식 날에 처음으로 니나의 집을 방문하게 되었다. 겨우 60세가 조금 넘은 남편이 죽어서 슬픔 가운데 젖어 있었다. 이날 니나 집을 방문한 것은 니나를 위로하고 죽은 남편의 명정을 써주기 위해서였다. 고려인들은 이주 150년이 지났음에도 불구하고 장례문화는 바뀌지 않았다. 죽은 자의 관보를 쓰는데 반드시 한국어로 쓰는 관습을 지키고 있다. 고려인들은 한국어를 조금 말하지만 쓰거나 읽는 것은 대부분 잊었다. 그럼에도 불구하고 죽은 사람의 관을 덮는 보에는 반드시 한국어로 그의 이름을 적는 전통을 지키고 있다. 그래서 고려인들은 누군가 죽었을 때 우리를 부른다. 나는 그분들의 관습대로 빨강색 천위에 치약이나 하얀색 물감으로 관보에 죽은 사람의 이름을 한글로 적어준다. 이날 우리 부부는 니나의 남편의 명정을 한글로 정성을 다해서 써 주었다.

니나는 고려인협회에서 만났다. 나는 볼고그라드 고려인협회 부회장이기 때문에 믿지 않는 분들과 함께 일을 한다. 고려인들이 한국어를 잘 못하기 때문에 나는 대회협력을 위한 일을 맡아서 고려인협회 일을 섬긴다. 주로 한국대사관이나 한국과 관계된 일을 진행하는데 통역이나 조언을 하며 저들이 큰 행사를 할 때 경제적인 지원을 하는 것을 통해서 믿지 않는 고려인들과 교제를 한다. 니나는 플로라와 함께 고려인협회 일을 무상으로 발 벗고 뛰며 돕는 분이다. 고려인들 중에서 니나와 플로라는 고려인협회나 정균오 목사에게 얼마의 수고비를 받느냐는 질문을 받는다고 한다. 그러나 사실상 이분들에게 드리는 돈은 전혀 없다. 이분들은 순수한 마음으로 자기의 전화세나 시간을 들여서 고려인 사회를 섬기고 있다.

니나는 남편의 장례식이 다 끝난 후에 감사하다는 인사를 했다. 그러나 교회에는 나오지 않았다. 니나는 가끔 딸과 함께 집 근처에 있는 정교회에 다니고 있었다. 교회에 나오는 고려인 노인들이 부모님 고향 땅을 밟아보고 죽는 것이 소원이라며 한국에 데려다 달라가 사정을 했다. 그분들의 소원을 들어주기 위해서 교회에 나오는 5분을 모시고 한국에 들어가려고 준비를 하고 있었다. 그때 고려인 협회 회장인 최 지마가 자기 어머니와 고려인협회 일을 적극적으로 돕는 플로라와 니나를 같이 데려가 달라고 부탁을 했다. 평소에 삶이 바르고 정직하고 고려인 사회에서 인정을 받는 사람들이었기 때문에 교회에 나오지 않지만 이 기회에 예수를 믿으면 좋겠다는 생각에 함께 가기로 했다. 일주일 동안 한국에서 많은 분들이 정성을 다해서 대접을 해 주었다. 많은 분들이 믿지 않는 3분을 위해서 특별한 관심과 사랑을 보이며 기도를 해 주었다. 한국에서 극진한 대접과 사랑을 받고 러시아로 돌아온 후에 니나는 한국에서 받은 은혜를 보답해야 한다며 교회에 나오기 시작했다. 그리고 아내와 함께 일대일성경공부를 하고 나서 세례를 받았기 때문에 교회에서는 입교식만 했다.

니나가 교회에 들어오면서부터 고려인들이 러시아 교인들과 적극적으로 교류를 하기 시작했다. 그녀는 당당하게 러시아 교인들 중 의사들을 찾아가서 고려인들을 소개하고 치료를 부탁했다. 그리고 교인들이 만든 기도 방에 들어가서 러시아교인들과 적극적으로 교류를 하였다. 니나로 인해서 고려인과 러시아교인들의 관계가 매우 가까워지게 되었다. 그녀는 교회 속에서 자기의 자리를 잡아 갈 뿐 아니라 다른 고려인들을 선도해 나갔다. 그리고 고려인

어린이 여름캠프를 적극적으로 섬겼다.

그러나 그녀는 몇 번의 간곡한 권유에도 불구하고 담배를 끊지 못하고 있었다. 담배를 끊지 못하는 이유는 남편이 담배를 끊은 후에 갑자기 죽었기 때문이라는 것이었다. 아내는 일주일간 그녀를 위해서 기도하고 담배 끊기를 위한 상담을 시작하였다. 그리고 한 달이 지난 후 그녀는 교회 앞에서 공개적으로 담배를 끊었다고 간증을 했다. 담배를 끊고 나서 죽기는커녕 더 건강해졌다. 주변의 사람들이 이전보다 더 예뻐졌다고 말하고 있다.

니나는 올해도 마리노프카에서 7월에 10일간 진행될 고려인어린이 여름캠프를 위해서 청년들과 함께 프로그램을 준비하고 있다. 그리고 8월에 눈화센티 "세상의 빛"에서 4일간 진행될 어린이여름캠프와 10월에 진행될 예정인 실버캠프를 준비하고 있다. 71살이 된 니나가 올 여름에도 트램폴린에서 껑충껑충 뛰는 모습을 보게 될 것이다. 특히 올해는 니나가 아이들의 눈을 피해서 한쪽 구석에 가서 담배를 피우는 모습을 보지 않을 것 같다. 올해는 더 밝고 건강한 모습의 18세 소녀의 모습을 그녀 속에서 보게 될 것을 기대한다.

세상과의 우정

하나님은 세상을 매우 사랑하신다(요 3:16). 이 때 세상은 저주받고 멸망해야 할 대상이 아니다. 성령의 임재와 인도를 받는 영의 사람과 대치되는 육신도 아니다. 하나님은 사람을 사랑하신다고 하지 않고 성경은 세상을 그처럼 깊이 사랑하신다고 한다. 물론 사람을 포함하는 넓은 범위의 개념이 바로 이 세상이란 말이다.

세상으로 번역된 헬라어 성경 원문은 코스모스(κόσμος)이다. 코스모스란 용어는 다양한 의미를 지녔는데, 세상, 우주, 지구의 범위, 지구의 거주자나 인간 혹은 인간 가족 등으로 사용되었다. 굳이 이 코스모스를 인간으로 번역하지 않은 것은 인간과 다른 모든 피조물을 하나님은 사랑하신다는 뜻일 것이다. 언젠가 중국인 목회자들에게 강의할 시간이 있어서 요한복음 3장 16절 이야기를 하면서 하나님의 선교의 범위는 교회나 인간에 제한되지 않고 온 세상에까지 미친다고 했다. 인간 중심의 구원관이나 인본주의적인 창조신학의 한계를 염두에 둔 말이다. 하나님이 창조한 피조물의 순서를 보면 인간은 제일 마지막에 창조된다. 그 전에 창조된 모든 것들이 없이는 인간 생명이 유지될 수 없음을 하나님이 보여주신 것으로 풀이된다. 인간은 하나님의 다른 피조물과 공생하고 조화를 이루며 살 수 밖에 없는 존재임을 알려준다. 중국인 목회자들이 요한복음의 세상이 중국어 성경에는 '세인'으로 번역되었다고 하였다(神爱世人). 세인이란 말도 코스모스를 번역한 말로서 인간으로만 한정하지 않는다고 본다.

하나님의 선교는 세상과의 우정도 포함한다. 비록 세상이 악하고 모순되고 혼란스럽다 하더라도 아직 예수 그리스도를 구세주로 영접하지 않은 미그리스도인이 세상에 포함되기에 세상과의 우정은 중요한 선교적 실천이다.

그런데 세상은 정작 복음과 교회를 모르거나 배척하고 있지 않느냐 반문할 수 있다. 세상은 원래 타락한 이후에 부패하고 썩어서 악취를 풍기니 망해야 하지 않느냐고 생각할 수 있다. 물론 그런 면이 없지 않다. 그러나 하나님의 형상이 비록 깨어졌다고 하더라도 세상에 사는 사람들은 여전히 하나님의 사랑의 대상이요, 예수 그리스도의 구원의 복음에 열려 있다.

문제는 세상이 교회를 배척하고 비난하는 것이다. 이 문제는 어제 오늘의 문제가 아니다. 꽤 오래된 묵은 문제다. 그러나 오늘날 한국의 상황만 보더라도 이 문제는 그 어느 때보다도 심각하다. 심지어 교회 안에 있는 사람들조차도 교회를 비난하는 실정이 되었으니 얼마나 통탄할 일인가? 대학교에서 예수 믿는다는 사실을 알리는 것은 동성애를 커밍아웃하는 것보다 더 꺼리게 하는 세태가 있지 않은가? 크리스천이라는 사실을 숨기도록 만드는 안티 기독교 풍조가 이만 저만한 위세가 아니라고 한다. 이 문제를 어떻게 보고 타개해나갈 수 있을 것인가?

반기독교 정서나 안티 기독교, 혹은 복음에 무관심한 사람들의 주장을 크게 나누어 보면 두 가지로 압축된다. 하나는 교회가 무용지물이라는 태도이다. 한마디로 교회는 지루하기만 하고 권태만 불러일으키는 존재라는 것이다. 이런 태도를 가지게 만든 근거는 세 가지로 나눌 수 있는데, 세속화와 교회의 메시지의 부적절성과 그리스도인의 생활방식의 비복음적인 행태이다. 특히 세속화된 현대 사회 자체가 교회 무용론적 태도를 조장한다. 오래전부터 세상은 세속화되어 더 이상 신이나 교회가 필요 없이 인간은 이성적이고 자율적으로 행복할 수 있다는 풍조가 난무한다. 세상 안에서 세상의 일들로 충만하고 즐겁고 미칠 것 같이 좋다고 한다. 그런데 무슨 교회가 필요하냐고 반문한다. 교회에서 울려 퍼지는 메시지가 공허하고, 세상 사람들의 심연의 고통과 아픔에 적절히 반응하지 못한다고 느낀다. 특히 먼저 믿는 그리스도인의 이기적이거나 위선적인 삶의 양식에 진절머리를 친다. 그들은 이렇게 말한다. “(예수 믿는 사람들은) 교회 안에서 하나님을 찬양하고 기도하며 설교 듣는 데 한 시간 이상 보낸다. 이웃을 사랑하라고 설교하고 외친다. 그런데 주차장에서 서로 먼저 빠져나가려고 아우성을 치고, 양보는커녕 삿대질을 하기도 한다." 한마디로 그리스도인이 옳다고 외치는 바대로 왜 살지 않는가? 하는 것이 오늘날 교회의 무용론의 원인이라는 것이다.

교회의 무용론과 달리 또 다른 교회 비판론의 이유는 교회는 민중에게 위험하다는 태도이다. 이런 태도의 기원은 지그문드 프로이트(Sigmund Freud, 1856-1939)와 칼 마르크스(Karl Marx, 1818-1883)에 거슬러 올라간다. 심리적으로 건강하고 사회적으로 온전하고 평화로운 세상을 만들려면 넓게 보아서 종교를, 좁게 보면 교회가 위험하다고 주장했다. 프로이트는 종교를 목발로 보았고, 마르크스는 아편으로 보았다. 건강한 사람에겐 목발이 필요 없고, 단지 장애가 있을 때 임시방편일 뿐이라고 한다. 유아기적 필요 충족을 위한 정도의 대체물이 종교라고 한다. 성인에겐 필요 없을 뿐더러 거추장스러운 존재가 종교요 교회라는 것이다. 비

성경적인 말세론이나 시한부종말론을 들고 외치는 이단들의 존재가 세상 사람들의 종교 위험론을 강화한다. 마르크스는 교회나 종교가 자기들의 이기적 목적을 위한 수단화하거나 이데올로기화한 것을 가리켜서 아편이라고 했다. 환자를 위해 치유하는 약이 아니라 교회가 독재를 옹호하거나 자기들의 은밀한 이익을 위해 이용되는 것은 아편이라는 것이다. 혹은 교회가 교회 안에 들어온 사람들의 상호 이익을 위한 클럽 같은 존재가 된 것도 문제시 된다. 세상의 빛과 소금과 누룩이 되기보다 인종, 종교, 지역 등의 갈등을 조장하고 분쟁을 야기하며 심지어 전쟁의 빌미가 되는 점이 제기된다. 교회의 오용이나 남용 혹은 부패가 교회를 위험하게 인식하게 만든 중요한 요소로 등장한다.

이런 저런 무용론과 위험론에도 불구하고 교회는 여전히 필요하고 복음은 누구에게나 들려져야 한다. 그러나 과거와 같은 습관대로 해서는 안 된다. 새로운 변화가 필요하다. 그 변화는 세상을 적대시하거나 저주하는 태도가 아니라 세상을 사랑하는 것이다. 예수님이 예루살렘을 보고 우신 것처럼 세상을 불쌍히 여기며 세상을 벗으로 삼고 세상을 위해, 세상과 더불어 정의, 평화, 기쁨, 사랑이 넘치도록 해야 한다. 복음은 망원경 같아서 현세를 넘어 내세를 보게 한다. 아울러 복음은 현미경 같아서 인간의 내면을 보게 하고, 인생과 우주의 신비를 인식하고 이해하게 한다. 복음은 소유 중심적, 경쟁적 삶이 아니라 의미를 추구하며 자족하는 삶으로 이끈다. 세상은 인간의 고통과 지구 환경의 파괴로 신음하고 있다. 가난과 불의와 폭력의 희생자가 늘고 있다. 지구 온난화와 핵전쟁의 위협은 모든 생명의 존재를 위협하고 있다. 모든 형태의 생명에의 경외와 더불어 생태계의 조화 있는 생명 살리기를 앞장서서 헌신해야 한다. 성령의 품 안에 있는 세상을 보며, 세상을 잘 보호하고 살리는 복음과 교회의 선교를 하려면 세상과의 우정을 실천해야 한다. 복음은 세상의 희망이며 비전임을 입으로 선포하는 것으로 그치지 말고, 참된 우정을 나눔으로써 가능할 줄 믿는다. 세상과의 우정은 세상과 친밀해지며, 세상을 사랑하며, 정의롭고 평화스런 세상을 만들어 가는 것이다.

우정선교와
공간 기획

하나님, 선교사, 그리고 현지인과의 친밀한 우정을 바탕으로 하는 우정선교의 실천방식은 다양할 수 있다. 인간적인 사랑과 우정을 통한 관계 형성과 변화를 도모할 수도 있다. 기존의 선교양식인 교회개척, 교육사역, 신학교 사역, 구제봉사 사역, 의료사역, 제자훈련 사역 등 다 실천할 수 있다. 그렇지만 그 근본 신학적 원리가 바로 하나님, 선교사, 현지인과의 친밀한 우정이라는 것이다. 따라서 우정선교는 단순히 이론만이 아니라 선교현장과 국내 목회현장에서 실천될 수 있는 구체적인 선교 방식도 된다. 우정선교의 중요한 한 방향은 기존의 선교와 목회를 예술적 미학적 접근으로 새롭게 하는 것이다. 예술적 미학적 새로운 우정선교의 방향은 공간분석과 새로운 기획이라고 할 수 있다. 우정선교와 공간 기획과 재구축이 무슨 상관이 있느냐고 반문할 수 있겠다. 친한 친구가 만나면 음식을 먹고 커피를 마시며 즐거운 시간을 가진다. 어디에서 음식을 먹고 커피를 마시는가가 늘 선택의 소재가 된다. 이 때 식당과 커피숍이라는 공간이 우정을 배양하는데 크나큰 영향을 미치는 사실을 알게 된다. 인간이 공간을 만들지만 공간이 사람을 지배한다는 말처럼, 공간분석과 기획 및 재구축은 인간의 인식과 감정과 의지에 지대한 영향을 미친다.

'공간기획 스페이스 아이' 대표인 오동섭 박사는 공간분석과 기획을 통해 선교의 새로운 방향을 모색하는 창의석인 목회자나. 서울 대학로에 '미와 십자가 교회'를 개척하여 예술을 통한 목회와 선교에 큰 기여를 하고 있다. 이래 자료는 오동섭 박사가 실제로 추진하고 하는 공간분석 제안서이다. 이 자료를 통해 공간분석과 리모델링의 의의와 목적을 알 수 있을 것이다.

A교회 공간분석 제안서

1. 공간분석 배경 및 필요성

교회의 태동이후 교회 이전과 1988년 새 성전(대지 408평, 연건평 1,300평, 1,400석)입당과 1997년 본 교회대지와 합병하여 주차장 150평을 세우고 교회(대지 470평, 연건평 1,450평) 준공하면서 지속적으로 지역 복음화와 세계선교 사명을 온전히 감당해 왔습니다.

현재 빠른 시대적 변화와 지역 환경의 변화 그리고 새로운 지역 선교를 위한 목회상황에 있습니다. 이러한 변화 속에 기존의 교회 공간에 대한 목회적, 선교적인 관점에서 새로운 접근을 통한 교회내적 으로 효율적인 공간 활용과 외적으로 선교적인 공간 활용이 요청됩니다. 이에 교회공간의 장단기적인 변화를 위해 목회 전략적 차원에서 지역 환경과 교회 공간에 세밀한 분석이 요청됩니다.

2. 공간분석 목적

일반적으로 주변 환경에 적합한 건물을 세우고자 할 때 지역조사와 함께 새로운 건물에 대한 타당성 조사를 위해 공간분석이 요청됩니다. 공간이란 단순히 물리적인 형태가 아니라 내부적으로 사용자와 긴밀한 소통을 하며 공간과 사용자가 상호 변화를 가져옵니다. 또한, 외부적으로 지역 공간은 외부 환경과 거주민이 소통하며 서로 영향을 주고받게 됩니다. 특별히, 오래된 기존의 건물에 있어서 새로운 목적을 위한 공간의 효율적 배치와 변화를 주기 위해서 공간의 리모델링은 단순한 표면적인 변화를 가져올 뿐입니다. 그러므로 기존의 공간에 새로운 변화와 효율적인 재정수립을 위해서 공간분석을 통해 건물이 위치하고 있는 지역과, 공간 내부간의 관계성 등을 고려하여 새로운 목회적, 선교적 목적을 위해 공간을 새롭게 기획하고 디자인 되어야합니다. 공간분석은 교회가 지향하는 목회방향과, 지역사회의 환경, 새로운 목회적, 선교적 목적과 변화를 위한 물리적 틀을 구성하는데 매우 중요한 과정입니다.

따라서 본 공간분석의 목적은 첫째, 다각적인 공간분석을 통해서 기존의 교회의 강점과 약점을 살펴보고, 지역 공간 환경을 분석하여 교회의 목회적, 선교적 목적을 위해 구체적으로 어떻게 공간을 변화시킬 것인지에 대한 공간기획적인 방안들을 제시하는 것입니다.

둘째, 교회공간분석을 통해 교회공간의 역사성(장소성)을 도출하고, 지역 공간의 환경을 분석하면서 목회적으로 새로운 전략을 세우는데 역사적, 통계적, 시각적 다양한 자료를 제시해 줄 것입니다.

셋째, 교회공간분석을 통해 공동체가 기존의 공간과 함께 역사적인 이야기들을 공유하며 교회에 대한 역사적 이해와 공동체성이 강화되고, 앞으로 교회공간의 변화를 통해 새로운 이야기를 만들어 내는 기대감으로 목회적, 선교적인 열정을 함께 공유하도록 하는 것입니다.

오동섭 박사가 기획하고 추진하는 이와 같은 공간분석과 리모델링을 통해 교회가 예배, 교육, 친교, 모임만 아니라 그 교회가 처한 지역사회에서 감당해야 할 선교적 사명을 예술적 미학적으로 잘 감당하며, 교회의 정체성과 역사성에 대한 스토리를 공유하고 새로운 이야기를 창출함으로써 교회 내부적인 소통은 물론이고 교회 밖으로 흩으시는 교회로서 함께 공생하고 상생하는 우정선교를 구체화할 수 있다고 본다.

맺으며

진정한 하나님의 선교를 위한 선교신학은 예수님이 보여주신 사랑과 환대의 우정을 실천하는 것이다. 우정을 통해 타문화 사람들 사이의 문화적 심리적 영적 골짜기를 돌아 다리가 놓이게 하고, 상호간의 자기 발견과 은사를 깨달으며, 포용적이며 자유롭게 열린 공간에서의 만남과 대화가 이루어지게 해야 한다. 우정은 남을 단순히 접대하는 것이 아니라 자기의 열림과 새롭게 됨이 발생하며, 진정한 하나 됨이 실현되게 할 것이다.

구원, 해방, 치유, 변혁을 이루는 하나님의 선교에 동참하는 교회의 선교는 삼위일체 하나님의 성육신적 선교를 구현해야 한다. 성경과 역사 속에서 다양한 선교의 모델과 유형이 나타났지만 21세기 글로벌 네트워킹 시대에 요청되는 선교는 친구 되신 하나님의 존재와 행동에 토대를 두는 우정선교를 실천해야 한다. 우정선교는 하나님과의 우정,

선교사 상호간의 우정, 그리고 현지인과의 우정으로 나눌 수 있다. 여기에 선교사의 관점에서 볼 때 후원교회와의 우정도 포함할 수 있겠다. 우정선교는 필리아, 지속, 동행으로 찾아오시는 친구 하나님의 사랑을 깊이 인식하면서 자기 사랑과 이웃 사랑을 실천한다. "비록 나는 당신을 알지 못하지만, 비록 당신은 머나먼 거리에 있지만, 당신은 나의 친구라고 말하는 사랑이다. 그래서 나는 당신을 내 마음에 둡니다." 글로벌 세계 기독교 시대, 과학 기술과 통신으로 세계가 더 관계망으로 좁아지는 세상에서 삼위일체 하나님의 선교에 참여하는 교회의 선교는 우정선교로 새로운 변혁을 이루어 낼 것이다.

지은이 **김영동**

김영동 교수는 베를린 훔볼트대학교 신학박사(Dr. theol) 학위를 취득하고, 인도네시아 선교사로 섬겼으며, 현재 장로회신학대학교 선교학 교수로 재직하고 있다.